Historiæ Sacræ

W. Winthrop.
U. S. Consul.
MALTA.

HISTORIÆ SACRÆ

ADAPTED TO THE

HAMILTONIAN SYSTEM

BY

AN INTERLINEARY AND LITERAL TRANSLATION.

BY JAMES HAMILTON.

THIRD EDITION.

London:

PRINTED FOR AND PUBLISHED BY THE AUTHOR,
25, CECIL STREET, STRAND; AND 62, FLEET STREET, DUBLIN.

1828.

J. BARR, PRINTER, LEEDS.

PREFACE.

Translations on the Hamiltonian System, according to which this Book is translated, must not be confounded with translations made according to Locke, Clarke, Stirling, or even according to Dumarsais, Frémont, and a number of other Frenchmen, who have made what have been and are yet sometimes called *literal* and interlineal translations. The latter are, indeed, *interlineal,* but no *literal* translation had ever appeared in any language before those called Hamiltonian; that is, before my Gospel of St. John from the French, the Greek and Latin Gospels published in London, and L'Homond's Epitome of the Historia Sacra. These, and these only, were and are truly literal; that is to say, that every word is rendered in English by a corresponding part of speech, that the grammatical analysis of the phrase is never departed from, that the case of every noun, pronoun, adjective, or participle, and the mood, tense, and person of every verb are accurately pointed out by appropriate and unchanging signs, so that a grammarian not understanding one word of Latin would, on reading any part of the translation here given, be instantly able to parse it. In the translations above alluded to, an attempt is made to preserve the correctness of the language into which the different works are translated; but the wish to conciliate this correctness with a literal translation, has only produced a barbarous and uncouth idiom, while it has, in every case, deceived the unlearned pupil by a translation altogether false and incorrect. Such translations may, indeed, give an idea of what is contained in the book translated, but they will not assist, or at least very little, in enabling the pupil to make out the exact meaning of each word, which is the principal object of Hamiltonian translations. The Reader will understand this better by an illustration; a gentleman has lately given a translation of Juvenal, according to the plan of the above mentioned authors, beginning with the words *semper ego*, which he joins, and translates, "shall I always be." If his intention were to teach Latin words, he might as well have put "shall I always eat beef-steaks:" true, there is nothing about beef-steaks in *semper ego*, but neither is there about "shall be." The whole translation is on the same plan; that is to say, that there is not one line of it correct, I had almost said, one word on which the pupil can rely as the exact equivalent in English of the Latin word above it; not so the translation here given.

As the object of the Author has been, that the pupil should know every word as well as he knows it himself, he has uniformly given it the one, sole, precise meaning, which it has in our language, sacrificing every where the beauty, the idiom, and the correctness of the English language to the original, in order to show the perfect idiom, phraseology, and picture of that original as in a glass. So far is this carried, that where the English language can express the precise meaning of the Latin phrase only by a barbarism, this barbarism is employed without scruple—as thus: "tenebræ non eam comprehenderunt." Here the word *tenebræ* being plural, if you translate it "darkness," you not only give a false translation of the word itself, which is only found in the plural number, but what is much more important, you lead the pupil into an error about its government, it being the nominative case to *comprehenderunt*, which is the third person plural; it is therefore translated not darkness, but "darknesses." I have said that each word is translated by its *one sole* undeviating meaning, assuming as an incontrovertible principle in all languages, that, with a few exceptions, each word has one meaning only, and can usually be rendered correctly into another by one word only, which one word should serve for its representative at all times and on all occasions.

In the Latin translation to which I have referred, the word *clamo* is rendered in one place by to "ring," in another "ball out:" only sacrifice the *word* to the phrase, and the *phrase* to the idiom of the language into which you translate, then you can make any word in one language signify any thing you please in another; and thus precisely have done all those who have preceded me in the career of translation. Such translations have therefore been justly scouted from schools, and thence probably it is, that schools are generally hostile to translations, well knowing that those which have appeared under the name of literal are mere *ignes fatui*, as useless to the learner, as the elegant paraphases of Pope or Dryden.

Two objections have been made to these translations; the first, that they render the acquirement of a language too easy to the boy, who thus finds that he has no occasion for grammar or dictionary, so that it may be feared he will fail to acquire those habits of industry, of judgement and discrimination, which it is fondly supposed are derived from the labour of looking for every word in a dictionary, and the necessity of guessing the right, amid twenty or thirty wrong, forced, implied, or figurative meanings, which are found in these learned compilations, often to the exclusion of the one only precise meaning which they should contain. To this I answer, that the boy may be made to work as hard on the Hamiltonian as on any other: on the common plan, by applying four or five hours to Virgil or Horace, with the help of a dictionary he will be able to read, *inaccurately*, thirty or forty lines; on the Hamiltonian System, he will have acquired a perfect grammatical knowledge of every phrase, and the precise meaning of every word in almost as many pages; and with regard to the cultivation of his powers of discrimination and judgement, he has, surely, as wide a scope and as useful a field to exercise them, in comparing the different passages of the same author with each other, or in those of other authors, in endeavouring to penetrate the precise meaning of difficult or contested passages, and appreciating the beauties with which he has so readily rendered himself familiar, as in weighing the learned fancies of dictionary makers, or sounding the depths of a grammar rule. The second objection comes from a man who, without any of the prejudices of a college, joins the accomplishments of the elegant scholar to those of the statesman. This gentleman fears that the pupil, translating each word isolately, and giving that word its precise meaning, may insensibly come to speak his mother tongue in the barbarous phraseology which he thus necessarily utters in class. To this I reply, that we know our own language, we speak and write it with more or less of elegance and correctness, as we have more or less frequented the society, whether living or dead, of those who do. That the man who has been for years, and still continues, in the daily habit of conversing in his own language, will not be often tempted to substitute for it the phrases illustrative of a foreign idiom, and that if he does, the laugh or sneer of the person whom he addresses will soon make him sensible of his error: he will not, in short, address a friend with " *How himself carries he,*" or ask him if he has " *led a wife,*" because he has been taught to analyse the idiomatic phrases "*Comment se porte-t-il*", and " *ducere uxorem.*"

The gentleman to whom I refer heard Latin, French, and Italian translated with a degree of grammatical accuracy which he had never before witnessed in or out of school, by boys who, four months before, were unable to read correctly in any language, and had never read any thing but the English Testament. They were subjected by a few benevolent and enlightened individuals to the experiment of the Hamiltonian System, to ascertain its powers, and authenticate its result, on the most unfavourable subjects that could be found. The last of these languages, the Italian, they knew not one word of ten days before, yet they translated the Testament precisely in the words of the key, which they had never yet seen for the best of all reasons, because it was not then made.

If then, the wish of parents be, that the pupil should really learn the language which he studies, and that the sole object of sending him to school be not, to keep him out of the way, or to acquire some other nameless or indirect advantage; if it be thought useful, I say, that he should acquire it in the shortest possible time, and with the utmost possible accuracy, then let him use a Hamiltonian translation, or let the teacher use it for him, he will infallibly succeed; but if such be not the intention, if there be no wish to hurry the young gentleman, and if his thus acquiring a language in a few months would injure the *master* who now derives an honourable living by "*ordering him to learn,*" then let him go on to get grammars and grammar rules by heart, and to write exercises for two or three years more, till age makes him ashamed to sit on a school bench, and until the necessity of providing for futurity shall have obliged him to adopt a profession. He will then perceive that his time at school has been really lost, that he knows nothing of the language, and will enter one of my classes with hundreds of others, in precisely the same case,—unable to translate a verse in the easiest book under heaven, the Testament.

I.

DEUS creāvit cœlum et terram intra sex dies.

Prīmo die fecit lucem. Sĕcundo die fecit firmamentum, quod vŏcavit cœlum.

Tertio die coegit aquas in unum lŏcum, & eduxit è terra plantas & arbŏres.

Quarto die fecit solem & lunam, & stellas.

Quinto die ăves quæ vŏlitant in aëre, & pisces qui nătant in ăquis.

Sexto die fecit omnia animantia, postremo homĭnem, & quievit die septimo.

II.

Deus finxit corpus hominis e līmo terræ: dĕdit illi animam vīventem; fecit illum ad similitudinem suam, & nōminavit illum Adāmum.

Dèinde immisit sŏporem in Adamum, & detraxit unam è costis ejus dormientis.

Ex eâ formavit mŭlierem quam dedit sŏciam Adamo, sicque instituit matrimonium.

Nomen primæ mulieris fuit Eva.

III.

Deus posuit Adamum & Evam in horto ămœnissimo, qui sŏlet appellari Paradisus terrestris.

Ingens flŭvius irrīgabat hortum; erant ibi omnes arbores jūcundæ aspectu, & fructus gustu suaves. Inter eas arbor scientiæ bŏni & mali.

Deus dixit homini: ūtere fructibus omnium arborum paradisi, præter fructum arboris scientiæ boni & mali: nam si comĕdas illum fructum, mŏrieris.

IV.

Serpens, qui erat callidissimum omnium animantium, dixit mulieri: cur non comĕdis fructum istīus arboris?

Mulier respondit: Deus id prohibuit. Si tetigerimus illum, moriemur.

Minime, inquit serpens: non moriemini: sed eritis similes Deo, scientes bonum & malum.

Mulier decepta his verbis decerpsit fructum & comēdit: deinde obtŭlit vīro, qui păriter comedit.

V.

Adamus fŭgiens conspectum Dei, se abscondit. Deus vocavit illum: Adame, Adame.

Qui respondit: tĭmui conspectum tuum, & abscondi me.

Cur times, inquit Deus, nisi quia comedisti fructum vetĭtum?

Adamus respondit: mulier, quam dedisti mihi sociam, porrexit mihi fructum istum, ut ederem.

Dominus dixit mulieri: cur fecisti hoc? Quæ respondit, serpens me decepit.

VI.

Dominus dixit serpenti: quia decepisti mulierem, eris ōdiosus &

execratus inter omnia animantia: reptabis super pectus & comĕdes terram.

Inimīcitiæ erunt inter te & mulierem: ipsa olim contĕret căput tuum.

Dixit etiam mulieri: afficiam te multis malis; păries līberos in dŏlore, & eris in potestate viri.

VII.

Dèinde Deus dixit Adamo: quia gessisti morem uxōri tuæ, hăbebis terram infestam: ea fundet tibi spinas & carduos.

Quæres ex ea victum cum multo lăbore, dōnec ăbeas in terram e qua ortus es

Tum ejecit Adamum & Evam ex horto ut ille coleret terram, & collŏcavit Angelum, qui præfĕrebat mănu glădium igneum, ut custodiret aditum paradisi.

VIII.

Adamus habuit multos liberos, inter quos Cainus & Abel numerantur; hic fuit pastor; ille agricola.

Uterque obtulit dona Domino, Cainus quĭdem fructus terræ; Abel autem ŏves egrĕgias.

Dōna Abelis plăcuerunt Deo, non autem dona Caini; quod Cainus ægrè tulit.

Dominus dixit Caino: cur invĭdes fratri? si recte făcies, rĕcipies mercēdem: sin autem malè, lues pœnam peccati.

IX.

Cainus non pāruit Deo monenti: dissimulans iram, dixit fratri suo: age, eamus deambŭlatum.

Ităque unà ambo abierunt fŏras, & quum essent in agro, Cainus irruit in Abelem, et interfecit illum.

Deus dixit Caino, ŭbi est tuus frater? Cainus respondit: nescio; num ĕgo sum custos fratris mei?

X.

Deus dixit Caino: Caine, quid fecisti? Sanguis fratris tui, quem ipse fūdisti mănu tua, clamat ad me.

Infesta tibi erit terra, quæ bibit sanguinem Abelis: quum colu-ĕris eam longo & duro labore, nullos feret fructus, eris vagus in orbe terrarum.

Cainus desperans vĕniam, fūgit.

XI.

Postquam nŭmerus hominum crevit, omnia vitia invăluere. Quare offensus Deus statuit perdere hominum gĕnus dilŭvio.

Attamèn pepercit Noemo & liberis ejus, quia colebant virtutem.

Noëmus admonitus a Deo extruxit ingentem arcam in mŏdum nāvis: linīvit eam bitūmine, & in eam induxit par unum omnium avium & animantium.

XII.

Postquam Noemus ipse ingressus est arcam cum conjŭge, trĭbus fīliis & tŏtidem nŭribus, aquæ maris & omnium fontium erūperunt.

Simul plŭvia ingens cecĭdit per quadrāginta dies & totidem noctes.

Aqua operuit universam terram, ita ut sŭperaret quindĕcim cubitis altissimos montes.

Omnia absumpta sunt diluvio: arca autem sublĕvata aquis fluitabat in alto.

XIII.

Deus immisit ventum vehementem, & sensim aquæ imminutæ sunt.

Tandèm mense undecimo, postquam diluvium cœperat, Noemus ăperuit fĕnestram arcæ, & ēmisit corvum, qui non est reversus.

Deinde emisit cŏlumbam: quum ea non invēnisset lŏcum ubi pōneret pĕdem, rĕversa est ad Noemum, qui extendit manum, et intulit eam in arcam.

Columba rursum emissa attulit in ore suo rāmum ŏlivæ vĭrentis, quo finis diluvii significabatur.

XIV.

Noemus egressus est ex arcâ, postquam ibi inclusus fuerat per annum totum, ipse & familia ejus: eduxit secum aves cæteraque animantia.

Tum erexit altāre, & obtulit sacrifĭcium Domino. Deus dixit illi: non delebo deinceps genus hominum: pōnam arcum meum in nubibus, et erit signum fœdĕris quod facio vobiscum.

Quum obduxero nubes cœlo, arcus meus apparebit, & recordabor fœderis mei, nec unquam diluvium erit ad perdendum orbem terrarum.

XV.

Omnes gentes prōpagatæ sunt a fĭliis Noemi. Semus incoluit Asiam, Chamus Africam, Japhetus Europam.

Pœna diluvii non deterruit homines a vitiis, sed brĕvi facti sunt pejōres quam prius.

Oblīti sunt Dei creatōris: adōrabant solem et lunam; non vĕrebantur părentes: dicebant mendacium; faciebant fraudem, furtum, homicīdium: uno verbo se contaminabant omnibus flāgitiis.

XVI.

Quīdam tamen sancti viri coluerunt vēram religionem et virtutem, inter quos fuit Abrahamus e genere Semi.

Deus fecit fœdus cum illo his verbis: exi e domo paternâ, dēsere patriam, et pĕte rĕgionem quam dăturus sum postĕris tuis: augebo te prole numerosâ, eris pater multarum gentium, ac per te omnes orbis nātiones erunt bonis cŭmulatæ. Aspice cœlum; dinŭmera stellas, si potes; tua progĕnies eas æquābit numero.

XVII.

Abrahamus jam sĕnuerat, et Sara ejus uxor erat sterĭlis.

Quibus tamen Deus promisit filium ex eis nasciturum.

Habebis, inquit, filium ex Sara conjuge tuâ.

Quod audiens Sara risit, nec stătim adhibuit fĭdem promissis Dei, et idcircò reprehensa est a Deo.

Abrahamus autem crēdidit Deo pollicenti.

Et verè uno post anno filius natus est Abrahamo qui vocavit eum Isaacum.

XVIII.

Postquam Isaacus adŏlevit, Deus tentans fidem Abrahami, dixit illi: Abrahame, tolle filium tuum ūnicum quem amas, et immŏla eum mihi in monte quem ostendem tibi.

Abrahamus non dŭbitavit parēre Deo jŭbenti; imposuit ligna Isaaco, ipse vero portabat ignem & glădium.

Quum ĭter facerent sĭmul, Isaacus, dixit patri; mi pater, ecce ligna & ignis; sed ubinam est hostia immolanda? Cui Abrahamus: Deus, inquit, sibi provĭdebit hostiam, fili mi.

XIX.

Ubi pervēnerunt ambo in locum designatum, Abrahamus extruxit aram, disposuit ligna, alligavit Isaacum sŭper struem lignorum, deinde arripuit gladium.

Tum Angelus clamavit de cœlo: Abrahame, contĭne manum tuam: ne nŏceas puero: jam fides tua mihi perspecta est, quum non pĕperceris filio tuo unico: et ego făvebo tibi; rĕmunerabo splendidè fidem tuam.

Abrahamus respexit, et vĭdit arietem hærentem cornibus inter vepres, quem immolavit loco filii.

XX.

Postea Abrahamus misit servum suum Eliezerem ad cognātos suos qui erant in Mesopotamia, ut inde adduceret uxōrem filio suo Isaaco.

Eliezer sumpsit dĕcem camēlos Domini sui, et profectus est, portans secum munera magnifĭca, quibus donaret puellam destinatam Isaaco et ejus parentes.

Ubi pervēnit in Mesopotamiam, constitit cum camelis prope pŭteum aquæ ad vesperum, quo tempŏre mulieres sŏlebant convĕnire ad hauriendam aquam.

XXI.

Eliezer oravit Deum his verbis: Domine, Deus Abrahami, fac ut puella quæ dabit potum mihi petenti ea sit quam Isaaco destinas.

Ecce statim Rebecca virgo eximiâ pulchritudine prodiit, gerens urnam hŭmeris, quæ descendit ad puteum et implevit urnam.

Tunc Eliezer progressus obviam puellæ: da, inquit, potum mihi: cui Rebecca, bĭbe, ait, Domine mi; et simul demisit urnam.

Quum ille bibisset, Rebecca obtulit etiam aquam camelis. Hoc indicio cognovit Eliezer quod scire cŭpiebat.

XXII.

Eliezer protulit inaures aureas et armillas, quas dedit Rebeccæ: tum interrogavit illam cujus esset filia, num in dŏmo patris esset locus ad commorandum.

Cui Rebecca respondit: ego sum filia Bathuelis: ăvus meus est frater Abrahamī: est domi locus ad commorandum amplissimus; est etiam plurimum fœni et palearum ad usum camelorum.

Quod audiens Eliezer egit gratias Deo, qui tribuisset iter prosperum sibi.

XXIII.

Rebecca prŏperavit domum et narravit matri suæ ea quæ sibi contĭgerant.

Labanus frater Rebeccæ, quum audivisset sŏrorem narrantem, adivit hominem, qui stabat ad fontem cum camelis, et compellans eum, ingredere, inquit, Domine mi: cur stas foris? Paravi hospitium tibi et locum camelis.

Deinde duxit eum domum, eique cĭbum appŏsuit.

XXIV.

Continuo Eliezer exposuit parentibus Rebeccæ causam itineris suscepti, rŏgavitque ut annuĕrent postŭlationi suæ.

Qui respondērunt: ĭta vŏluntas Dei fert; nec possŭmus Deo obsistere. En Rebecca; proficiscatur tecum, nuptura Isaaco.

Tum Eliezer deprompsit vasa aurea et argentea vestesque pretiosas, quas dedit Rebeccæ; obtulit etiam munera matri ejus et fratri, et inierunt convīvium.

XXV.

Postridie Eliezer surgens manè, dixit părentibus Rebeccæ; hĕrus meus me exspectat: dimittite me, ut redeam ad illum.

Qui responderunt: vocemus puellam, et percontemur ejus sententiam.

Quum Rebecca venisset, sciscitati sunt an vellet discēdere cum homine? Volo, inquit illa.

Dimiserunt ergo Rebeccam et nutrīcem illius, prĕcantes ei omnia prospera.

XXVI.

Isaacus fortè tunc deambulabat rure, vidit camelos venientes. Simul Rebecca conspicata vĭrum deambulantem, desiluit è camelo, et interrogavit Eliezerem: quis est ille vir?

Eliezer respondit: ipse est herus meus. Illa statim ŏperuit se pallio.

Eliezer narravit Isaaco omnia quæ fēcerat.

Isaacus introduxit Rebeccam in tabernaculum matris suæ, et lēnitus est dŏlor quem căpiebat ex morte matris.

XXVII.

Rebecca edidit uno partu duos filios, Esaum et Jacobum. Qui prior editus est pīlosus erat, alter verò lenis: ille fuit vēnator strenuus: hic autem placidus et simplex moribus.

Quâdam die quum Jacobus sibi paravisset pulmentum ex lentibus, venit Esaus fessus de via et dixit fratri, da mihi hoc pulmentum; nam redeo rure exanimatus lassitudine.

Cui Jacobus: dabo, si concedas mihi jus primogeniti.

Faciam lĭbenter, inquit Esaus. Jura ergo, ait Jacobus.

Esaus juravit et vendĭdit jus suum.

XXVIII.

Isaacus, qui delectabatur vēnatione, amabat Esaum; Jacobus vero erat cārior Rebeccæ.

Quum Isaacus jam sĕnuisset et factus esset cæcus, vŏcavit Esaum: sumito, inquit, pharetram arcum et sagittas: affer mihi et para de venatione pulmentum, ut comedam et apprecer tibi fausta omnia, antequam moriar.

Esaus itaque profectus est venatum.

XXIX.

Rebecca audierat Isaacum loquentem: vocavit Jacobum, et afferto, inquit, mihi duos hædos opīmos: conficiam pulmentum, quo păter tuus valde delectatur; appōnes ei cĭbum et bene prĕcabitur tibi.

Jacobus respondit: ego non ausim id facere mater: Esaus est pilosus; ego sum lenis; si pater me attrectāverit, succensebit mihi: ita indignatio patris et damnum mihi evenient pro ejus benevolentiâ.

XXX.

Rebecca institit: ne timeas, inquit, fili mi. Si quid adversi inde sequatur, id totum sumo mihi. Tu vero ne dŭbites facère quod jussus es.

Itaque Jacobus abiit et attulit matri duos hædos; illa paravit sĕni cibum quem nōverat suavem esse palato ejus.

Deinde induit Jacobum vestibus fratris: aptavit pellem hædi manibus ejus et collo.

Tum, adi, inquit, patrem tuum, et offer illi escam quam appetit.

XXXI.

Jacobus attulit patri suo escam paratam a matre. Cui Isaacus dixit; quisnam es tu? Jacobus respondit: ego sum Esaus primogenitus tuus; feci quod jussisti, pater; surge et comede de venatione mea.

Quomodo, ait Isaacus, potuisti invĕnire tam cito? Invēni, pater; Deus ita vŏluit.

Isaacus rursum: tune es Esaus primogenitus meus? accēde prŏpius ut attrectem te.

Ille accessit ad patrem, qui dixit: vox quidem est Jacobi; sed manus sunt Esai.

XXXII.

Isaacus amplexatus Jacobum anteposuit eum fratri, et tribuit illi omnia bona primogeniti.

Non multo post Esaus rediit a venatione, et ipse obtulit patri pulmentum quod păraverat.

Cui Isaacus mirans dixit: quis est ergo ille qui modò attulit mihi cibum, et cui apprecatus sum omnia fausta, tanquam primogenito?

Quod audiens Esaus ēdidit magnum clāmorem, et implevit domum lāmentis.

XXXIII.

Esaus ardens irâ mĭnabatur mortem Jacobo.

Quare Rebecca mater timens dīlecto filio suo, fŭge, inquit, fili mi; abi ad Labanum ăvunculum tuum, et commorare apud eum, donec ira fratris tui defervescat.

Jacobus dimissus a patre et matre, profectus est in Mesopotamiam.

Iter faciens pervenit ad quendam locum, ubi fessus de viâ pernoctavit: supposuit lăpidem căpiti suo et obdormivit.

XXXIV.

Jacobus vidit in somnis scalam, quæ innixa terræ pertingebat ad cœlum, atque Angelos Dei ascendentes et descendentes; audivit Dominum dīcentem sibi: ego sum Deus patris tui; dăbo tibi et posteris tuis terram cui incŭbas: nōli timēre; ego favebo tibi; ero custos tuus, quocumque perrexeris, et reducam te in patriam, ac per te omnes orbis nationes erunt bonis cumulatæ.

Jacobus expergefactus adoravit Dominum.

XXXV.

Jacobus iter persecutus pervenit in Mesopotamiam: vidit tres pecorum greges propter puteum cŭbantes.

Nam ex eo puteo greges solebant adăquari. Os putei claudebatur ingenti lapide.

Jacobus accessit illùc, et dixit pastōribus: fratres, unde estis? qui respondērunt, ex urbe Haran.

Quos interrogavit ĭterum, nostis-ne Labanum? dixerunt, nōvimus. Valet-ne? valet, inquiunt: ecce Rachel filia ejus venit cum grege suo.

XXXVI.

Dum Jacobus loqueretur cum pastōribus, Rachel filia Labani venit cum pecore paterno; nam ipsa pascebat gregem.

Confestim Jacobus videns cognatam suam, amovit lapidem ab ore putei. Ego sum, inquit, filius Rebeccæ; et osculatus est eam.

Rachel festinans nunciavit patri suo, qui agnovit filium sorōris suæ, deditque ei Rachelem in matrimonium.

XXXVII.

Jacobus diù commoratus est apud Labanum: interea mirè auxit rem suam, et factus est dives.

Longo post tempore admonitus a Deo rediit in patriam suam.

Extimescebat iram fratris sui: ut plăcaret animum ejus præmisit ad eum nuncios, qui offerrent ei munera.

Esaus mitigatus occurrit obviàm Jacobo advenienti; insiliit in collum ejus, flensque osculatus est eum, nec quidquam illi nocuit.

XXXVIII.

Jacobus habuit duodecim filios, inter quos erat Josephus: hunc pater amabat præ cæteris, quia senex genuerat eum. Dederat illi togam textam e filis varii coloris.

Quam ob causam Josephus erat invisus suis fratribus, præsertim postquam narravisset eis duplex somnium, quo futura ejus magnitudo portendebatur.

Oderant illum tantoperè, ut non possent cum eo amicè lŏqui.

XXXIX.

Hæc porro erant Josephi somnia. Ligabamus, inquit, simul manĭpulos in agro: ecce manipulus meus surgebat et stābat rectus; vestri autem manipuli circumstantes venerabantur meum.

Postea vidi in somnis solem, lunam et undecim stellas adorantes me.

Cui fratres responderunt: quorsum spectant ista somnia? num tu eris rex noster? num subjiciemur ditioni tuæ? fratres igitur invidebant ei; at pater rem tacitus consīderabat.

XL.

Quâdam die quum fratres Josephi pascerent greges prŏcul, ipse remanserat domi. Jacobus misit eum ad fratres, ut sciret quomodo se haberent.

Qui videntes Josephum venientem, consilium ceperunt illius occīdendi: ecce, inquiebant, somniator venit: occidamus illum et projiciamus in puteum: dicemus patri: fera devoravit Josephum. Tunc apparebit quid sua illi prosint somnia.

XLI.

Ruben, qui erat natu maximus, deterrebat fratres a tanto scelere.

Nolīte, inquiebat, interficere puerum; est enim frater noster: demittite eum potiùs in hanc foveam.

Hăbebat in animo līberare Josephum ex eorum manibus, et illum extrahere e foveâ, atque ad patrem reducere.

Reipsà his verbis deducti sunt ad mītius consilium.

XLII.

Ubi Josephus pervenit ad fratres suos, detraxērunt ei togam, quâ indūtus erat, et detrusērunt eum in foveam.

Deinde quum consedissent ad sūmendum cibum, conspexerunt mercātores qui petebant Ægyptum cum camelis portantibus văria aromăta.

Venit illis in mentem Josephum vendere illis mercatōribus.

Qui ēmerunt Josephum viginti nummis argenteis, eumque duxerunt in Ægyptum.

XLIII.

Tunc fratres Josephi tinxerunt togam ejus in sanguine hædi, quem occīderant, et miserunt eam ad patrem cum his verbis: invēnimus hanc togam, vide an toga filii tui sit.

Quam quum agnovisset, pater exclamavit: toga filii mei est: fera pessima devoravit Josephum, Deinde scĭdit vestem, et induit cilicium.

Omnes liberi ejus convenerunt ut lenirent dolorem patris; sed Jacobus noluit accipere consōlationem, dixitque: ego descendam mœrens cum filio meo in sepulchrum.

XLIV.

Potiphar Ægyptius emit Josephum a mercatoribus.

Deus autem favit Putiphari causa Josephi: omnia ei prosperè succedebant.

Quam ob rem Josephus benigne habitus est ab hero, qui præfecit eum domui suæ.

Josephus ergo administrabat rem familiarem Putipharis: omnia fiebant ad nutum ejus, nec Putiphar ullius negotii curam gerebat.

XLV.

Josephus erat insigni et pulchrâ facie; uxor Putipharis eum pelliciebat ad flagitium.

Josephus autem nolebat assentiri improbæ mulieri.

Quadam die mulier apprehendit oram pallii ejus; at Josephus reliquit pallium in manibus ejus, et fugit.

Mulier irata inclamavit servos, et Josephum accusavit apud virum, qui nimium credulus conjecit Josephum in carcerem.

XLVI.

Erant in eodem carcere duo ministri Regis Pharaonis; alter præerat pincernis, alter pistoribus.

Utrique obvenit divinitùs somnium eadam nocte.

Ad quos quum venisset Josephus mane, et animadvertisset eos tristiores solito, interrogavit quænam esset mœstitiæ causa?

Qui responderunt: obvenit nobis somnium, nec quisquam est qui illud nobis interpretetur.

Nonne, inquit Josephus, Dei solius est prænoscere res futuras? narrate mihi somnia vestra.

XLVII.

Tum prior sic exposuit Josepho somnium suum: vidi in quiete vitem in qua erant tres palmites: ea paulatim protulit gemmas: deinde flores eruperunt, ac denique uvæ maturescebant.

Ego exprimebam uvas in scyphum Pharaonis, eique porrigebam.

Esto bono animo, inquit Josephus, post tres dies Pharao te restituet in gradum pristinum: te rogo ut memineris mei.

XLVIII.

Alter quoque narravit somnium suum Josepho: gestabam in capite tria canistra in quibus erant cibi quos pistores solent conficere.

Ecce autem aves circumvolitabant, et cibos illos comedebant. Cui Josephus: hæc est interpretatio istius somnii: tria canistra sunt tres dies, quibus elapsis Pharao te feriet securi, et affiget ad palum, ubi aves pascentur carne tua.

XLIX.

Die tertio, qui dies natalis Pharaonis erat, splendidum convivium parandum fuit.

Tunc rex meminit ministrorum suorum, qui erant in carcere.

Restituit præfecto pincernarum munus suum; alterum vero securi percussum suspendit ad palum. Ita res somnium comprobavit

Tamen præfectus pincernarum oblitus est Josephi, nec illius in se meriti recordatus est.

L.

Post biennium rex ipse habuit somnium. Videbatur sibi adstare Nilo flumini; et ecce emergebant de flumine septem vaccæ pingues, quæ pascebantur in palude.

Deindè septem aliæ vaccæ macilentæ exierunt ex eodem flumine, quæ devorârunt priores.

Pharao experrectus rursùm dormivit, et alterum habuit somnium. Septem spicæ plenæ enascebantur in uno culmo, aliæque totidem exiles succrescebant, et spicas plenas consumebant.

LI.

Ubi dies illuxit, Pharao perturbatus convocavit omnes conjectores Ægypti, et narravit illis somnium; at nemo poterat illud interpretari.

Tunc præfectus pincernarum dixit Regi; confiteor peccatum meum: quùm ego et præfectus pistorum essemus in carcere, uterque somniavimus eâdem nocte.

Erat ibi puer Hebræus, qui nobis sapienter interpretatus est somnia: res enim interpretationem comprobavit.

LII.

Rex arcessivit Josephum, eique narravit utrumque somnium. Tum Josephus Pharaoni: duplex, inquit, somnium unam atque eandem rem significat.

Septem vaccæ pingues et septem spicæ plenæ sunt septem anni ubertatis mox venturæ; septem vero vacæ macilentæ et septem spicæ exiles sunt totidem anni famis, quæ ubertatem secutura est.

Itaque, Rex, præfice toti Egypto virum sapientem et industrium, qui partem frugum recondat in horreis publicis, servetque diligenter in subsidium famis secuturæ.

LIII.

Regi placuit consilium: quarè dixit Josepho: nùm quisquam est in Ægypto te sapientior? nemo certè fungetur meliùs illo munere.

En tibi trado curam regni mei.

Tùm detraxit è manu suâ annulum, et Josephi digito inseruit: induit illum veste byssinâ, collo torquem aureum circumdedit, eumque in curru suo secundum collocavit.

Josephus erat triginta annos natus, quùm summam potestatem à Rege accepit.

LIV.

Josephus perlustravit omnes Ægypti regiones, et per septem annos ubertatis congessit maximam frumenti copiam.

Secuta est inopia septem annorum, et in orbe universo fames ingravescebat.

Tunc Ægyptii, quos premebat egestas, adierunt Regem, postulantes cibum.

Quos Pharao remittebat ad Josephum. Hic autem aperuit horrea, et Ægyptiis frumenta vendidit.

LV.

Ex aliis quoque regionibus conveniebatur in Ægyptum ad emendam annonam.

Eâdem necessitate compulsus Jacobus misit illuc filios suos.

Itaque profecti sunt fratres Josephi; sed pater retinuit domi natu minimum, qui vocabatur Benjaminus.

Timebat enim ne quid mali ei accideret in itinere.

Benjaminus ex eâdem matre natus erat quâ Josephus, ideòque ei longè carior erat quàm cæteri fratres.

LVI.

Decem fratres, ubi in conspectum Josephi venerunt, eum proni venerati sunt.

Agnovit eos Josephus, nec ipse est cognitus ab eis.

Noluit indicare statim quis esset, sed eos interrogavit tanquam alienos: unde venistis, et quo consilio?

Qui responderunt: profecti sumus è regione Chanaan, ut emamus frumentum.

Non est ità, inquit Josephus; sed venistis hùc animo hostili: vultis explorare nostras urbes, et loca Ægypti parùm munita.

At illi; minimè, inquiunt: nihil mali meditamur; duodecim fratres sumus; minimus retentus est domi à patre; alius verò non superest.

LVII.

Illud Josephum angebat, quòd Benjaminus cum cæteris non aderat.

Quarè dixit eis, experiar an verum dixeritis: maneat unus ex vobis obses apud me, dum adducatur hùc frater vester minimus; cæteri abite cum frumento.

Tunc cœperunt inter se dicere; meritò hæc patimur; crudeles fuimus in fratrem nostrum; nunc pænam hujus sceleris luimus.

Putabant hæc verba non intelligi à Josepho, qui per interpretem cum eis loquebatur.

Ipse autem avertit se parumper et flevit.

LVIII.

Josephus jussit fratrum saccos impleri tritico, et pecuniam, quam attulerant, reponi in ore saccorum, addidit insuper cibaria in viam.

Deindè dimisit eos, præter Simeonem, quem retinuit obsidem.

Itaque profecti sunt fratres Josephi, et quùm venissent ad patrem, narraverunt ei omnia quæ sibi acciderant.

Quùm aperuissent saccos, ut effunderent frumenta, mirantes repererunt pecuniam.

LIX.

Jacobus ut audivit Benjaminum arcessi à præfecto Ægypti, cum gemitu questus est.

Orbum me liberis fecistis; Josephus mortuus est: Simeon retentus est in Ægypto; Benjaminum vultis abducere.

Hæc omnia mala in me recidunt; non dimittam Benjaminum; nam si quid ei adversi acciderit in viâ, non potero ei superstes vivere, sed dolore oppressus moriar.

LX.

Postquàm consumpti sunt cibi quos attulerant, Jacobus dixit filiis suis: proficisamini iterùm in Ægyptum, ut ematis cibos.

Qui responderunt: non possumus adire præfectum Ægypti sine Benjamino: ipse enim jussit illum ad se adduci.

Cur, inquit pater, mentionem fecistis de fratre vestro minimo?

Ipse, inquiunt, nos interrogavit an pater viveret, an alium fratrem haberemus. Respondimus ad ea quæ sciscitabatur; non potuimus præscire eum dicturum esse: adducite hùc fratrem vestrum.

LXI.

Tunc Judas unus è filiis Jacobi, dixit patri: committe mihi puerum: ego illum recipio in fidem meam, ego servabo, ego reducam illum ad te; nisi fecero, hujus rei culpa in me residebit: si voluisses eum statim dimittere, jam secundò huc rediissemus. Tandem victus pater annuit: quoniam necesse est, inquit, proficiscatur Benjaminus vobiscum, deferte viro munera et duplum pretium, ne forte errore factum sit ut vobis redderetur prior pecunia.

LXII.

Nunciatum est Josepho eosdem viros advenisse, et cum eis parvulum fratrem.

Jussit Josephus eos introduci domum, et lautum parari convivium.

Illi porrò metuebant ne arguerentur de pecunia, quam in saccis repererant: quarè purgaverunt se apud dispensatorem Josephi.

Jam semel, inquiunt, huc venimus: reversi domum invenimus pretium frumenti in saccis: nescimus, quonam casu id factum fuerit; sed eandem pecuniam reportavimus.

Quibus dispensator ait: bono animo estote.—Deindè adduxit ad illos Simeonem, qui retentus fuerat.

LXIII.

Deindè Josephus ingressus est in conclave, ubi sui eum fratres expectabant, qui eum venerati sunt offerentes munera.

Josephus eos clementer salutavit; interrogavitque: salvusne est senex ille quem vos patrem habetis? Vivit-ne adhuc?

Qui responderunt: salvus est pater noster, adhuc vivit.

Josephus autem, conjectis in Benjaminum oculis, dixit: iste est frater vester minimus, qui domi remanserat apud patrem? Et rursus: Deus sit tibi propitius, fili mi; et abiit festinans, qui commotus erat animo, et lacrymæ erumpebant.

LXIV.

Josephus lotâ facie regressus continuit se, et jussit apponi cibos. Tum distribuit escam unicuique fratrum suorum; sed pars Benjamini erat quintuplò major quàm cæterorum. Peracto convivio, Josephus dat negotium dispensatori, ut saccos eorum impleat frumento, pecuniam simul reponat, et insuper scyphum suum argenteum in sacco Benjamini recondat.

Ille fecit diligentèr quod jussus fuerat.

LXV.

Fratres Josephi sese in viam dederant, necdum procul ab urbe aberant.

Tunc Josephus vocavit dispensatorem domûs suæ, eique dixit:

persequere viros, et quum eos assecutus fueris, illis dicito: quare injuriam pro beneficio rependistis?

Subripuistis scyphum argenteum, quo dominus meus utitur: improbè fecistis.

Dispensator mandata Josephi perfecit; ad eos confestim advolavit; furtum exprobavit; rei indignitatem exposuit.

LXVI.

Fratres Josephi responderunt dispensatori: istud sceleris longè à nobis alienum est: nos, ut tutè scis, retulimus bonâ fide pecuniam repertam in saccis: tantum abest ut furati simus scyphum domini tui: apud quem furtum deprehensum fuerit, is morte mulctetur.

Continuò deponunt saccos et aperiunt; quos ille scrutatus, invenit scyphum in sacco Benjamini.

LXVII.

Tunc fratres Josephi mœrore oppressi revertuntur in urbem.

Adducti ad Josephum, sese abjecerunt ad pedes illius. Quibus ille: quomodò, inquit, potuistis hoc scelus admittere?

Judas respondit: fateor; res est manifesta; nullam possumus excusationem afferre, nec audemus petere veniam aut sperare: nos omnes erimus servi tui.

Nequaquam, ait Josephus; sed ille, apud quem inventus est scyphus, erit mihi servus: vos autem abite liberi ad patrem vestrum.

LXVIII.

Tunc Judas accedens propius ad Josephum: te oro, inquit, Domine mi, ut bonâ cum veniâ me audias; pater unice diligit puerum: nolebat primò eum dimittere; non potui id ab eo impetrare, nisi postquàm spopondi eum tutum ab omni periculo fore: si redierimus ad patrem sine puero, ille mœrore confectus morietur.

Te oro atque obsecro ut sinas puerum abire, meque pro eo addicas in servitutem: ego pœnam, quâ dignus est, mihi sumo et exsolvam.

LXIX.

Interea Josephus continere se vix poterat; quarè jussit Ægyptios adstantes recedere.

Tum flens dixit magnâ voce: ego sum Josephus: vivit-ne adhuc pater meus?

Non poterant respondere fratres ejus nimio timore perturbati.

Quibus ille amicè; accedite, inquit, ad me: ego sum Josephus frater vester, quem vendidistis mercatoribus euntibus in Ægyptum; nolite timere; Dei providentiâ id factum est, ut ego saluti vestræ consulerem.

LXX.

Josephus hæc locutus fratrem suum Benjaminum complexus est, eumque lacrymis conspersit.

Deinde cæteros quoque fratres collacrymans osculatus est. Tum demum illi cum eo fidentèr locuti sunt.

Quibus Josephus: ite, inquit, properate ad patrem meum, eique nunciate filium suum vivere, et apud Pharaonem plurimum posse: persuadete illi ut in Ægyptum cnm omni familia commigret.

LXXI.

Fama de adventu fratrum Josephi ad aures regis pervenit: qui dedit eis munera perferenda ad patrem cum his mandatis: adducite huc patrem vestrum et omnem ejus familiam, nec multum curate supellectilem vestram, quia omnia, quæ opus erunt vobis, præbiturus sum, et omnes opes Ægypti vestræ erunt.

Misit quoque currus ad vehendum senem et parvulos et mulieres.

LXXII.

Fratres Josephi festinantes reversi sunt ad patrem suum, eique nunciaverunt Josephum vivere, et principem esse totius Ægypti.

Ad quem nuncium Jacobus, quasi e gravi somno, excitatus obstupuit, nec primùm filiis rem narrantibus fidem adhibebat; sed postquàm vidit plaustra et dona sibi à Josepho missa, recepit animum, et, mihi satis est, inquit, vivit adhùc Josephus meus: ibo et videbo eum antequàm moriar.

LXXIII.

Jacobus profectus cum filiis et nepotibus pervenit in Ægyptum, et præmisit Judam ad Josephum ut eum faceret certiorem de adventu suo.

Confestim Josephus processit obviàm patri; quem ut vidit, in collum ejus insilit, et flens flentem complexus est.

Tum Jacobus; satis diù vixi, inquit; nunc æquo animo moriar; quoniam conspectu tuo frui mihi licuit, et te mihi superstitem relinquo.

LXXIV.

Josephus adiit Pharaonem, atque nunciavit patrem suum advenisse: constituit etiam quinque e fratribus suis coràm rege.

Qui eos interrogavit, quidnam operis haberent; illi responderunt se esse pastores.

Tum rex dixit Josepho: Ægyptus in potestate tuâ est: cura ut pater et fratres tui in optimo loco habitent; et si qui sint inter eos gnavi et industrii, trade eis curam pecorum meorum.

LXXV.

Josephus adduxit quoque patrem suum ad Pharaonem, qui, salutatus à Jacobo, percontatus est ab eo, quâ esset ætate?

Jacobus respondit regi: vixi centum et triginta annos, nec adeptus sum senectutem beatam avorum meorum; tum benè precatus regi discessit ab eo.

Josephus autem patrem et fratres suos collocavit in optimâ parte Ægypti, eisque omnium rerum abundantiam suppeditavit.

LXXVI.

Jacobus vixit septem et decem annos postquàm commigrâsset in Ægyptum.

Ubi sensit mortem sibi imminere, arcessito Josepho dixit: si me amas, jura te id facturum esse quod à te petam, scilicet ut ne me sepelias in Ægypto, sed corpus meum transferas ex hâc regione, et condas in sepulchro majorum meorum.

Josephus autem; faciam, inquit, quod jubes, pater.

Jura ergò mihi, ait Jacobus, te certò id facturum esse.
Josephus juravit in verba patris.

LXXVII.

Josephus adduxit ad patrem duos filios suos, Manassem et Ephraimum: posuit Manassem, qui natu major erat, ad dextram senis, Ephraimum vero minorem ad sinistram ejus.

At Jacobus decussans manus dextram imposuit Ephraimo, sinistram autem Manassi, et utrique simul benè precatus est. Quod Josephus animadvertens ægrè tulit, et conatus est manus patris commutare.

At pater restitit, dixitque Josepho: scio; fili mi, scio hunc esse majorem natu, et illum minorem; id prudens feci.

Ità Jacobus Ephraimum Manassi anteposuit.

LXXVIII.

Ut vidit Josephus extinctum patrem, ruit super eum flens, et osculatus est eum, luxitque illum diù.

Deindè præcepit medicis ut condirent corpus, et ipse cum fratribus multisque Ægyptiis patrem deportavit in regionem Chanaan.

Ibi funus fecerunt cum magno planctu, et sepeliêrunt corpus in speluncâ, ubi jacebant Abrahamus et Isaacus, reversique sunt in Ægyptum.

LXXIX.

Post mortem patris timebant fratres Josephi ne ulcisceretur injuriam quam acceperat: miserunt igitur ad illum rogantes nomine patris, ut eam oblivisceretur, sibique condonaret.

Quibus Josephus respondit: non est quod timeatis; vos quidem malo in me animo fecistis; sed Deus convertit illud in bonum: ego vos alam et familias vestras. Consolatus est eos plurimis verbis, et leniter cum illis locutus est.

LXXX.

Josephus vixit annos centum et decem, cumque esset morti proximus, convocavit fratres suos, et illos admonuit se brevi moriturum esse.

Ego, inquit, jam morior: Deus vos non deseret, sed erit vobis præsidio, et deducet vos aliquandò ex Ægypto in regionem quam patribus nostris promisit: oro vos atque obtestor ut illùc ossa mea deportetis.

Deinde placide obiit: corpus ejus conditum est in feretro positum.

LXXXI.

Intereà posteri Jacobi, seu Hebræi, numero aucti sunt mirum in modum, et eorum multitudo crescens in dies metum incutiebat Ægyptiis.

Rex novus solio potitus est, qui Josephum non viderat, nec merita ejus recordabatur.

Is igitur ut Hebræos opprimeret, primùm duris illos laboribus conficiebat: deinde edixit etiam ut parvuli eorum recens nati in flumen projicerentur.

LXXXII.

Mulier Hebræa peperit filium, quem quum videret elegantem, voluit servare.

Quare abscondit eum tribus mensibus, sed quum non posset eum diutius occultare, sumpsit fiscellam scirpeam, quam linivit bitumine ac pice.

Deinde posuit intùs infantulum, et exposuit eum inter arundines ripæ fluminis.

Habebat secum unam comitem sororem pueri, quam jussit stare procul, ut eventum rei exploraret.

LXXXIII.

Mox filia Pharaonis venit ad flumen, ut ablueret corpus. Prospexit fiscellam in arundinibus hærentem misitque illùc unam e famulabus suis.

Apertâ fiscellâ, cernens parvulum vagientem, miserta est illius: iste est, inquit, unus ex infantibus Hebræorum.

Tunc soror pueri accedens: vis-ne, ait, ut arcessam mulierem Hebræam, quæ nutriat parvulum, et vocavit matrem,

Cui filia Pharaonis puerum alendum dedit, promissa mercede.

Itaque mater nutrivit puerum et adultum reddidit filiæ Pharaonis, quæ illum adoptavit, et nominavit Mosem; id est, servatum ab aquis.

LXXXIV.

Moses jam senex, jubente Deo, adiit Pharaonem, eique præcepit nomine Dei, ut dimitteret Hebræos.

Rex impius renuit parere mandatis Dei.

Moses, ut Pharaonis pertinaciam vinceret, multa et stupenda edidit prodigia, quæ vocantur plagæ Ægypti,

Quùm nihilominus Pharao in sententia perstaret, Deus interfecit primogenitum ejus filium et omnes primogenitos Ægyptiorum.

Tandem metu victus rex paruit, deditque Hebræis discedendi facultatem.

LXXXV.

Profecti sunt Hebræi ex Ægypto ad sexcenta millia virorum præter parvulos, et promiscuum vulgus.

Illis egredientibus præibat columna nubis interdiù, et columna ignis noctu, quæ esset dux viæ; nec unquàm per quadraginta annos defuit illa columna.

Post paucos dies multitudo Hebræorum pervenit ad littus maris rubri, ibique castra posuit.

LXXXVI.

Brevi regem pœnituit quod tot millia hominum dimisisset, et lecto ingenti exercitu eos persecutus est.

Hebræi, quum vidissent ex una parte se mari interclusos esse, ex altera parte instare Pharaonem cum omnibus copiis, magno timore correpti sunt.

Tunc Deus Mosi: protende, inquit, dexteram tuam in mare, et divide aquas, ut illæ Hebræis gradientibus iter siccum præbeant.

LXXXVII.

Fecit Moses quod jusserát Deus: quùm teneret manum extensam super mare, aquæ divisæ sunt, et intumescentes hinc et indé pendebant.

Flavit etiam ventus vehemens, quo exsiccatus est alveus.

Tunc Hebræi ingressi sunt in mare siccum; erat enim aqua tanquam murus á dextra eorum et læva.

Rex quoque Ægyptius Hebræos gradientes insecutus, non dubitavit, mare quá patebat, ingredi cum universo exercitu.

LXXXVIII.

Quum Ægyptii progredentur in medio mari, Dominus subvertit eorum currus et dejecit equites.

Metu perculsi Ægyptii cœperunt fugere: at Deus dixit Mosi: extende rursus dextram in mare, ut aquæ revertantur in locum suum.

Paruit Moses et statim aquæ refluentes obruerunt Ægyptios, et eorum currus et equites.

Deletus est universus exercitus Pharaonis in mediis fluctibus; nec unus quidem nuncius tantæ cladis superfuit.

Sic deus liberavit Hebræos ab injustâ servitute Ægyytiorum.

LXXXIX.

Hebræi, trajecto mari rubro, diu peragrârunt vastam solitudinem.

Deerat panis; at Deus ipse eos aluit: é cœlo per annos quadraginta cecidit cibus, quem appellaverunt *manna*.

Inerat huic cibo gustus similæ cum melle mixtæ.

Interdum etiam defuit aqua, at, jubente Deo, Moses percutiobat rupem virgâ, et continuò erumpebant fontes aquæ dulcis.

XC.

Mense tertio, postquàm Hebræi egressi sunt ex Ægypto, pervenerunt ad montem Sinæ.

Ibi Deus dedit eis legem cum apparatu terrifico.

Cœperunt exaudiri tonitrua, micare fulgura: nubes densa operiebat montem, et clangor buccinæ vehementius perstrepebat.

Stabat populus præ metu trepidus ad radices montis fumantis.

Deus autem in monte loquebatur é mediâ nube inter fulgura et tonitrua.

Hæc porro sunt verba quæ protulit Deus; ego sum Dominus, qui eduxi vos é servitute Ægyptiorum.

Non erunt vobis dii alieni; ego unus Deus, et non est alius præter me.

Non usurpabitis nomen Dei vestri temeré et sine causâ.

Sabbata nullum opus facietis: colite patrem vestrum et matrem vestram: non occidetis, non adulterabitis.

Non facietis furtum; non dicetis falsum testimonium adversus proximum vestrum: non concupiscetis rem alterius.

XCI.

Moses a Deo monitus confici jussit tabernaculum ex pellibus et cortinis pretiosissimis, insuper arcam fœderis auro puro vestitam, in qua reposuit tabulas legis divinæ.

Quùm jam in conspectu haberet terram à Deo promissam, mortuus est vir sapientiâ et cæteris virtutibus plané admirabilis.

Luxit eum populus diebus triginta:

Successit in locum Mosis Josue, quem ipse priùs designaverat.

XCII.

Ut Hebræi in terram promissam introducerentur, Jordanis erat trajiciendus: nec erat iis navium copia, nec vadum præbebat amnis tunc pleno alveo fluens.

Deus venit eis auxilio: Josue jussit præferri arcam fœderis, et populum sequi.

Appropinquante arca, aquæ, quæ supernê defluebant, steterunt instar mūri; quæ autem infra, descenderunt et alveum siccum reliquerunt.

XCIII.

Hebræi incedebant per arentem alveum, donec ripam oppositam attingerent.

Tum reversæ sunt aquæ in locum pristinum.

Josue veró duodecim lapides é medio amne sublatos erexit, ut essent perenne rei monumentum.

Dixit Hebræis: si quandó vos interrogaverint filii vestri, quorsum spectet ista lapidum congeries? respondebitis: sicco pede trajecimus Jordanem istum: idcirco positi sunt lapides ad sempiternam facti memoriam, ut dicant quanta sit Dei potentia.

XCIV.

Erat in his locis urbs validissimis muris ac turribus munita, nōmine Jericho, quæ nec expugnari, nec obsideri facilis poterat.

Josue divino auxilio fretus, nòn armis aut viribus, urbem aggressus est.

Arcam circumferri jussit circa muros, sacerdotesque antecedere, et tuba canere.

Quum arca septies circumlata fuisset, muri et turres illicó corruerunt.

Urbs capta et direpta est.

XCV.

Reges Chanaan, conjunctis viribus, progressi sunt adversus Hebræos.

At Deus dixit Josue; ne timeas eos; tua erit victoria.

Josue igitur magno impetu illos adortus est, qui, subita formidine correpti, fugerunt.

Tunc in eos cecidit grando lapidea, et multos interfecit:

Quum autem dies in vesperum inclinaret, re nondum confecta, Josue jussit solem consistere: et vero stetit sol, et diem produxit, donec deletus fuisset hostium exercitus.

XCVI.

Josue, devictis omnibus Palestinæ populis, Hebræos in sede destinata collocavit: agros et oppida capta singulis tribŭbus divisit, et mortuus est.

Deinde summa potestas delata est ad judices, inter quos eminuère Gedeon, Samson et Samuel.

Varia deinceps fuit Hebræorum fortuna pro variis eorum moribus: ii sæpe in Deum peccaverunt; tunc divino præsido destituti ab hostibus superabantur: quoties ad Deum conversi, ejus auxilium imploraverunt, placatus Deus eos līberavit.

XCVII.

Hebræi a Midianitis vexati opem a Deo pĕtierunt: Deus illorum preces audivit.

Angelus adstitit Gedeoni: Dominus tecum, inquit, vir fortissime.

Respondit Gedeon: si Deus nobiscum est, cur dura premimur servitute?

Ait Angelus: macte animo: liberabis populum tuum a servitute Midianitarum.

Nolebat primo Gedeon tantum onus suscipĕre; sed duplici mirăculo confirmatus, non abnuit.

XCVIII.

Gedeon, contracto exercitu, profectus est cum duobus et triginta millibus hominum, et castra castris hostium contŭlit.

Erat porro infinita multitudo in exercitu Midianitarum: nam cum iis rex Amalecitarum se conjunxerat.

Tamen Deus dixit Gedeoni: non opus est tibi tot millibus hominum: dimissis cæteris, retine tantum trecentes viros, ne victoriam suæ virtuti tribuant, non pŏtentiæ divinæ.

XCIX.

Gedeon trecentos viros in tres partes divisit, deditque illis tubas et lagēnas testaceas, in quibus erant lampades accensæ

Hi media nocte ingressi castra hostium, cœperunt tubis clangere, et collīdere inter se lagenas.

Midianitæ, audito tubarum sonitu et visis lampadibus, turbati sunt, et turpi fuga, quò quisque potuit, dilapsi sunt.

Denique gladios in se invicem converterunt, et mutua cæde se trucidârunt.

Gedeon hostium reges persecutus est, et comprehensos neci dedit.

C.

Quum Hebræi in potestate essent Philistæorum, et ab illis affligerentur, natus est Samson, futurus ultor hostium.

Hujus mater diu sterilis fuerat, sed ei Angelus Domini appāruit prædixitque eam parituram filium, qui cives suos in libertatem aliquando vindicaret.

Enixa puerum, nomen Samsonis ei indidit.

Puer crevit; intonsam habuit comam; nec vinum, nec siceram bibit: incredibili fuit corporis robore: obvium leonem manu interfecit.

CI.

Samson adultus Philistæos multis affecit cladibus: cepit trecentas vulpes, quarum caudis accensas lampadas alligavit, et in hostium agros immisit.

Tunc fortè messis matura erat: ità facile incèndium fuit.

Omnes segetes, vineæ et oleæ exustæ sunt, nec inimicam gentem variis incommodis vexare destitit.

Traditus Philistæis rupit vincula, quibus constrictus fuerat, et arreptâ maxillâ asini, hoc telo, quod casus dederat, mille hostium prostravit.

CII.

Quâdam die Samson urbem Philistæorum ingressus est, ibique pernoctaturus videbatur.

Philistæi occasionem captantes, portas obserari jussērunt, ne quis exiret.

Per totam noctem expectabant silentes, ut Samsonem mané exeuntem interficerent.

At Samson mediâ nocte surrexit, venitque ad portam urbis, quam quúm invenisset clausam, humeris sustulit cum postibus et seris, atque in verticem montis vicini supportavit.

CII.

Tandem Philistæi, qui Samsonem comprehendere nequiverant, illius uxorem pecuniâ corruperunt, ut ea virum prōderet.

Mulier viro persuasit, ut sibi indicaret causam tantæ virutis, et ubi rescivit vires ējus in capillis sitas esse, caput dormientis totondit, atque itá eum Philistæis tradidit.

Illi, effossis oculis, vinctum in carcerem conjecerunt, diúque ludibrio habuerunt.

Sed spatio tempŏris crinis accisus crescere, et cum crine virtus redire cœpit; jamque Samson conscius recepti roboris justæ ultionis tempus opperiebatur.

CIV.

Erat Philistæis mos, quúm dies festos agerent, producere Samsonem quasi in pompam publicam, captoque insultare.

Die quâdam quúm publicum convivium celebraretur, Samsonem adduci jubent.

Domus, in quâ omnis populus et principes Philistæorum epulabantur, subnixa erat duabus columnis miræ magnitudinis.

Adductus Samson inter columnas statuitur.

Túm ille occasione utens columnas concussit, et turba omnis obruta est ruina domûs, simulque Samson ipse cum hostibus non inultus occubuit.

CV.

Quúm Heli esset summus sacerdos, natus est Samuel: hunc adduxit mater ad sacerdotem, et obtulit Domino, ut et in sacrificiis faciendis ministraret.

Puer crescebat egregia præditus indole, eratque Deo et hominibus carus: cui mater sua certis temporibus afferebat parvam tunicam, quam ipsa confecerat.

Heli vero habebat filios perditis moribus, adeò ut populum à colendo Deo abducerent, nec satis graviter eos unquam reprehendit.

Quamobrem Deus erat et liberis et patri iratus.

CVI.

Quadam nocte, quùm jaceret Heli in lectulo, Dominus vocavit Samuelem, qui ratus se à sacerdote arcessi, cucurrit dixitque: en adsum; vocâsti enim me.

At Heli: non te vocavi, inquit, fili mi: revertere in lectulum tuum. Idque iterum et tertio factum est.

Tandem præmonitus â sacerdote Samüel respondit Deo vocanti; loquere, Domine; audit enim servus tuus.

Tùm Deus Samueli; ego, ait, afficiam domum Heli iis malis, quæ nemo audire possit, quin ei ambæ aures tinniant, propterea quòd in liberos suos plus æquo indulgens fuerit, illorumque vitia nimiùm patienter tulerit.

CVII.

Arctior deindè somnus Samuelem complexus est, qui dormivit usquè manè.

Ubi dies illuxit, surgens e lectulo aperuit ostium tabernaculi, uti facere consueverat: timebat autem sacerdoti indicare sermōnem Dei.

Heli compellans eum, oro te, inquit, et obtestor, indica mihi ea quæ dixit tibi Deus: cave ne me quidquam celes eorum quæ audivisti.

Jubenti paruit Samuel, illique enarravit omnia verba Domini; cui Heli, Dominus est, ait: faciat quod sibi libuerit.

CVIII.

Paulò pòst bellum exortum est inter Philistæos et Hebræos.

Hebræi arcam fœderis in pugnam deferunt, et cum ea filii sacerdotis procedunt; sed quia Deus illis erat offensus, arca detrimento magis qùam adjumento fuit.

Victi sunt Hebræi, occisi filli sacerdotis, arca ipsa capta est.

Heli, audito tantæ cladis nuncio, è sella decidit, et fracta cervice mortuus est.

CIX.

Samuel fuit postremus Hebræorum judex, eorumque res in summa pace et perpetua tranquillitate administravit.

At quum senuisset, et filii ejus à moribus paternis desciscerent, populus novitatis amans ab illo regem petiit.

Samuel primo rem dissuasit, Hebræosque ab isto consilio dīmovere conatus est; sed illi in sententia persttiterunt.

Quarè admonitus à Deo Samuel annuit eorum postulationi, et Saülem regem consecravit.

Erat Saülis ingens statura et forma excellens, adeo ut dignitas corpŏris dignitati regiæ pulchrè conveniret.

CX.

Philistæi in agrum Hebræorum irruptionem fecērunt.

Quapropter Saul adversus illos processit, et apud Galgala urbem insignem istius regionis castra posuit.

Porrò Samuel edixerat ut se per septem dies expectarent, nevo manum cum hoste priùs conserĕrent, quàm ipse veniens Deo sacrificium faceret.

Die septimo, quùm Samuel moraretur, et populus moræ pertæsus dilaberetur, Saul ipse sacrificium fecit loco sacerdotis.

Vix peracto sacrificio, venit Samuel, regemque graviter reprehendit, quod munus proprium sacerdotum sibi temerè arrogavisset.

CXI.

Quùm Hebræi á Philistæis premĕrentur, Jonathas, Saulis filius, audax consilium cepit et perfecit.

Solo armigero comite, castra hostium ingressus est, et viginti ferè Philistæis interemptis, universum exercitum terrore percŭlit·

Itaque Philistæi perturbati cœperunt non jam ordines servare, non imperia exequi, sed fugæ se committere.

Quod ubi Saul animadvertit, copias castris eduxit, et fugientes persecutus insignem victoriam retulit.

CXII.

Saul, dum persequeretur Philistæos, edixerat ne quis, nisi confectis hostibus, cibum sumeret, mortem cum juramento minitatus illi, qui contra edictum fecisset.

Jonathas tunc aberat, nec regis imperium audiverat.

Accidit ut exercitus trajiceret sylvam iu quâ esset plurimum mellis agrestis.

Jonathas edicti paterni nescius extendit virgam, quam manu tenebat, eamque in mel intinctam orĭ admovit.

Id ubi rex cognovit, filium morte plecti voluit; sed recens meritum perĭculo juvenem exemit; nec populus tulit insontem ad supplĭcium trahi.

CXIII.

Saul posteà, jubente Deo, bellum Amalecitis intŭlit. Primò rem benè gessit. Cæsi sunt hostes, et eorum rex captus est,

Sed deinde Saul Deum graviter offendit: vetuerat Deus ne quid ex spoliis hostium reservaretur; Saul vero, Amalecitis cæsis, partem prædæ servavit.

Quam ob causam rejectus est à Deo, et in ejus locum David adhuc juvenis ê tribu Judæ electus est, et Samuele unctus.

CXIV.

Saulem, postquam Dei mandata sprevisset, invasit spiritus malus ità ut ille in furorem sæpê incideret.

Tunc âulici ei suaserunt, ut aliquem arcesseret, qui citharam sciret pulsare, ad deliniendum ægrum ejus animum.

Arcessitus est David hujusce artis peritus, qui ob illud munus inter ministros regios habebatur

Itaque statim ac Saulem spiritus malus corripiebat, David citharam pulsabat, et regis furor considebat.

CXV.

Secutum est bellum cum Philistæis: quùm duæ acies in conspectu essent, Philistæus quidam, nomine Goliathus, vir miræ magnitudinis progressus est ante ordines, et unum ex Hebræis sæpe provocabat ad singulare certamen.

Lorica squamata induebatur. Ocreas in cruribus æreas habebat: cassis ærea caput ejus operiebat, et clypeus æreus tegebat humeros.

Tum Saul magna præmia, imo et filiæ nuptias ei promisit, qui provocantis spolia retulisset.

At nemo contra illum exire audebat; et Goliathus suam Hebræeis ignaviam cum irrisu ac ludibrio exprobrabat.

CXVI.

David commotus ignominia populi sui, se sponte ad pugnandum obtulit.

Itaque adductus est ad Saulem qui, considerata ejus ætate, diffidebat pugnæ.

Non poteris, inquit, adolescentulus cum viro robustissimo pugnare.

Respondit David: ne timeas, ô rex: quum pascerem oves patris mei, leo invasit gregem, ovemque corripuit: ego illum persecutus occidi, et ovem e faucibus illius eripui. Ursum pariter interfeci. Deus qui me defendit a leone et urso, me quoque a Philistæo isto defendet.

Tum Saul, abi, inquit, cum ista fiducia: Deus te adjuvet.

CXVII.

Saul ipse sua juveni arma voluit accommodare: galeam capiti ejus imposuit, lorica pectus circumtexit, latus gladio accinxit.

David vero us impeditus armis, quibus non erat assuetus, vix poterat incedere.

Quare onus incommodum deposuit; sumpsit autem pedum pastorale, quo uti consueverat, et fundam cum quinque lapidibus in sacculo. Sic armatus adversus Philistæum processit.

CXVIII.

Accedebat ex adverso Goliathus, qui, viso adolescente, num, inquit, me canem esse putas, qui me cum baculo aggrediaris?

Cui David respondit: tu venis ad me cum gladio et hasta et clypeo; ego autem venio in nomine Domini exercituum, quem probris ausus es lacessere.

Tunc misso funda lapide Philistæum in fronte percussit, et humi prostravit, currensque suum jacenti gladium detraxit, quo caput illi præcīdit.

Ea re perculsi Philistæi in fugam versi sunt, et victoriam Hebræis concesserunt.

CXIX.

Redeunti Davidi obviam itum est. Hebræi gratulantes victorem deducunt ad urbem: ipsæ mulieres domibus egressæ cum tympanis laudes ejus canebant.

Tantus populi favor invidiam Saulis accendit, qui deinceps malevolo fuit in Davidem animo, nec jam eum benignis oculis aspiciebat.

Longè alia fuit mens filii ejus Jonathæ: virtutem Davidis admirans, illum singulari amore complexus est, suoque balteo, arcu et gladio donavit.

CXX.

Saul victori filiam suam spoponderat uxorem; at promissis non stetit, nŏvamque conditionem proposuit, si nempè David centum Philistæos interfecisset.

Malo animo id faciebat rex invidus; sperabat scilicet juvenem audacem facilè periturum; at sua eum spes delusit.

Nam David, occisis ducentis Philistæis, rediit illæsus, atque ita regis filiam in matrimonium accepit.

CXXI.

Crescebat in dies Saulis odium, stimulante invidiâ: quare non jam occulte sed palàm Davidi necem parabat.

Bis eum lancea confodere conatus est; sed David ictum lethalem declinatione corporis effugit.

Saul mandatum dedit Jonathæ, ut Davidem occideret; sed Jonathas noluit crudeli patris imperio obsequi, imò cum lacrymis illum obtestatus est, ut tam iniquum consilium depōneret.

Denique Saul misit satellites, qui Davidem domi in oculis uxoris trucidarent; hæc verò marītum demisit per fenestram, atque ità eripuit periculo.

CXXII.

David, ut vidit implacabilem esse Saulis in se animum, excessit aula et solitudinem petiit.

Saul illum persecutus est; at, Deo favente, David inimici manus effugit, et ipse Saulis vitam non semel servavit.

Erat in deserto spelunca vasto recessu patens: ibi David cum suis comitibus in interiore parte latebat.

Fortè Saul solus in illam speluncam ingressus est, nec latentes vidit, oppressusque somno quievit.

Sui Davidem comites hortabantur ut opportunam Saulis interficiendi occasionem arriperet: sed David noluit, quùm impunè posset inimicum occīdere.

CXXIII.

Motum est rursùs bellum cum Philistæis; adversus quod Saul cum exercitu processit.

Commissâ pugnâ, Hebræi fusi sunt: tres filii regis in acie ceciderunt: Saul ipse ex equo delapsus, ne vivus in potestatem hostium veniret, uni comitum latus transfodiendum præbuit.

Victoria insigni potiti sunt Philistæi

CXXIV.

David, audita Saulis morte, lacrymas profudit: montes Gelboe, ubi cædes illa facta fuerat, exsecratus est. Illum, qui à se Saulem occisum esse jactitabat, et regia insignia attulerat, perimi jussit, in pœnam violatæ majestatis regiæ.

Civibus urbis Jabes, quód Saulis ejusque filiorum corpora sepelivissent, gratiam retulit.

Admirandum sanè veri ac sinceri erga inimicum amoris exemplum.

CXXV.

David postquàm solium conscendit, duplex scelus, et quidem gravissimum commisit.

Adamavit mulierem, nomine *Betsaben*, eamque ad flagitium compulit.

Mulieris marĭtus, nomine Urias, vir fortissimus tùm in castris erat, et egregiam patriæ operam navabat.

Hunc David iniquo pugnæ loco hostibus objici jussit, atque ità necandum curavit.

At Deus ad Davidem misit Prophetam, qui illum admoneret, eique pœnam sceleris denunciaret subeundam.

CXXVI.

Sic Davidem allocutus èst Propheta: erant in eadem urbe duo homines: alter dives multos bovum, caprarum, atque ovium greges alebat: alter verò nihil habebat præter ovem unam quam ipse emerat, et apud se diligenter nutriebat.

Venit ad hominem divitem hospes quidam, quumque ei parandum esset convĭvium, dives ille pepercit suis ovibùs, et oviculam pauperis, vi ereptam, hospiti edendam apposuit.

Tuum est, o Rex, de hoc facto judicare.

CXXVII.

Rex indignans respondit: iniqué fecit, quisquis ille est: pro ove ablata quatuor oves reddet.

Tùm Propheta aperté: tu, ait, tu es iste vir: te Deus bonis omnibus cumulavit, te regem fecit, te ab ira Saulis liberavit, tibi regiam domum, regias opes tradidit.

Cur ergò uxorem Uriæ rapuisti? cur virum innoxium, virum tibi militantem, gladio hostium interfecisti?

His Prophetæ verbis motus David, culpam agnovit et confessus est.

Cui Propheta: tibi, inquit, Deus condonat peccatum tuum: attamen filius, qui natus est tibi, morietur.

CXXVIII.

Paulò post infans in gravem morbum incidit; per septem dies David in magno luctu fuit, cibo abstinens et orans.

Die septimo infans mortuus est; nec ausi sunt famuli id regi nunciare.

Quos ut vidit David mussitantes, intellexit id quod erat, mortuum esse infantem.

Tunc, luctu deposito, jussit sibi apponi cibos, mirantibusque aulicis dixit: ægrotante puerulo jejunus orabam, sperans scilicet Deum placari posse; nunc autem quum mortuus sit, cur frustrà lugeam? nump otero illum ad vitam revocare?

CXXIX.

Ad hunc dolorem alius accessit dolor: Absalon filius Davidis paternum regnum affectavit: concitata multitudine imperīta, adversus patrem rebellavit.

Id ubi cognovit David, excessit Hierosolyma, veritus ne, si ibi remaneret, Absalon cum exercitu veniens urbem regiam obsideret, eamque ferro et igne vastaret.

Quarè, egressus cum suis qui in officio manebant, conscendit montem olivarum flens, nudis pedibus et operto capite.

CXXX.

Fugienti occurrit vir quidam é genere Saulis, nomine Semei, qui cœpit Davidem ejusque comites maledictis et lapidibus appetĕre.

Quod illi indignè ferentes volebant ulcisci injuriam, et maledici conviciatoris caput amputare.

At David eos cohibuit: sinite, inquit, istum mihi maledicere: forsitan Deus his quæ patior malis placatus mei miserebitur, et rem afflictam restituet.

Incredibilem regis patientiam admirati comites dicto ægrè paruerunt.

CXXXI.

Absalon, profecto patre, ingressus est Hierosolymam, ibique aliquandiù moratus est; quæ res saluti fuit David: nam interim David collegit copias, seque ad bellum comparavit.

Jam aderat Absalon cum exercitu, et prælium mox erat committendum: suasērunt Regi sui comites ut ne interesset certamini.

Quapropter David Joabum suis copiis præfecit, seque in urbem vicinam contulit. Abiens autem præcepit Joabo cæterisque ducibus, ut Absaloni parcerent, sibique filium incolŭmem servarent.

CXXXII.

Acriter pugnatum est utrinque; sed, Deo favente, victoria penes Davidem fuit. Terga verterunt Absalonis milites, è quibus viginti duo millia ceciderunt.

Absalon fugiens mulo insidebat; erat autem promiscuo et denso capillo: dum præcipiti cursu fertur subter densam quercum, coma ejus implicata est ramis, et ipse suspensus adhæsit, mulo interim prætereunte, et cursum pergente.

CXXXIII.

Vidit quidam pendentem Absalonem, nec ausus est illi manus violentas inferre, sed nunciavit Joabo, qui eum increpans; debueras, inquit, juvenem impium confŏdere.

Atqui, respondit ille, me præsente, rex præcepit tibi, ut filio suo parceres.

Ego verò non parcam, ait Joabus, et statim sumpsit tres lanceas, quas in pectus Absalonis defixit.

Quùm Absalon adhùc palpitaret hærens in quercu, armigeri Joabi, repetitis ictibus, confossum interēmerunt.

CXXXIV.

Stabat intereà David ad portam urbis, expectans eventum pugnæ et maximé de filii salute sollicitus.

Quum illi nunciatum esset profligatos hostes et interfectum esse Absalonem, non modò non lætatus est de victoria, quam reportaverant, sed maximum quoque dolorem cepit ex morte filii.

Inambulabât in cœnaculo mœrens, et in has voces identidem erumpens: fili mi Absalon, Absalon fili mi: utinam pro te moriar, Absalon fili mi, fili mi Absalon.

CXXXV.

Multa deinceps bella David prosperè gessit contra Philistæos, rebusque foris et domi compositis, reliquum vitæ tempus in florenti pace exegit.

Quùm esset extremâ senectute et infirmâ valetudine, Salomonem hæredem regni constituit.

Is â summo sacerdote unctus, vivo adhúc patre, rex appellatus est.

David postquam filio dedisset præcepta regno administrando utilissima, diem supremum obiit.

CXXXVI.

Diligebat Deus Salomonem : ei per quietem adstare visus est, deditque optionem eligendi quidquid vellet.

Salomon non aliud sibi dari poposcit, quàm sapientiam, reliquà omnia parvi æstimans.

Quæ res ità Deo placuit, ut ille plus tribuerit quàm rogatus fuerat; nam Salomoni eximiam sapientiam impertivit, et insuper divitias et gloriam, quas non petierat, addidit.

CXXXVII.

Non multò post Salomon concessæ sibi à Deo sapientiæ specimen edidit.

Duæ mulieres in eâdem domo habitabant: utraque eodem tempore peperit puerum. Unus ex his puerulis post diem tertium nocte mortuus est: mater subripuit puerum alterius mulieris dormientis, et hujus loco filium suum mortuum supposuit.

Ortâ inter duas mulieres gravi altercatione, res ad Salomonem delata est.

CXXXVIII.

Difficilis erat atque perobscura quæstio, quúm nullus esset testis.

Rex autem, ut exploraret latentem veritatem; dividatur, inquit, puer, de quo controversia est, et pars una uni mulieri, altera alteri detur.

Judicio assensit falsa mater; altera verò exclamavit : ne, quæso, ne occidatur puer, ô rex : malo, ista totum habeat.

Tum rex ait: res est manifesta; hæc verè est mater pueri, et huic illum adjudicavit.

Admirati sunt omnes singularem regis prudentiam.

CXXXIX.

Salomon templum immensi operis Hierosolymæ ædificavit: omnia auro argento gemmisque in eo fulgebant. In hoc templo arca fœderis collocata est.

Vicini reges ob tantam sapientiæ famam cum Salomone amicitiam junxērunt, fœdusque fecērunt.

Regina Saba ejus visendi cupida finibus regni sui excessit, venitque Hierosolyman.

Regnabat Salomon in summâ pace, opibus et deliciis affluens.

CXL.

Posteà Salomon voluptati se dedit: nihil porrò tam inimicum est virtuti quàm voluptas: itaque amisit sapientiam.

Mulieres exteræ, quas adamavit, eum jam senem ad ritus gentiles pertraxērunt.

Quibus rebus offensus Deus pœnam illi denunciavit, scilicet fore, ut regnum majore ex parte filio ejus adimeretur et servo traderetur: atque ità factum est.

CXLI.

Salomoni Roboamus filius successit: is imperium culpâ paternâ jam nutans stultitiâ suâ evertit

Salomon populo vectigal gravissimum imposuerat; quod onus quúm populus tolerare non posset, illud poposcit imminui.

Regem monebant senes ut populo satisfaceret; juvenes verò dissuadebant.

Roboamus æqualium consilio usus, populo acerbe respondit, ejusque postulationem rejecit.

CXLII.

Exorta est seditio: decem tribus à Roboamo defecerunt, regemque sibi creaverunt Jeroboamum è tribu Ephraimi. Duæ tantùm tribus in fide manserunt, scilicet tribus Judæ, et tribus Benjamini.

Sic duo ex uno regna facta sunt, alterum Judæ, alterum Israëlis.

Jeroboamus, ut populum suum á consuetudine eundi Hierosolymam abduceret, propriam religionem eis instituit, et falsos Deos proposuit colendos.

CXLIII.

Non diù stetit regnum Israëliticum, quia omnes ad unum reges fuerunt impii.

Ad eos Deus sæpè misit Prophetas, qui eos admonerent, et ad verum cultum revocarent; sed illi Prophetarum monitis non paruerunt, imò eos contumeliis, pœnis, morte affecerunt.

Quarè iratus Deus illos in potestatem hostium tradidit: devicti sunt à rege Assyriorum, qui decem tribus captivas fecit, et in Assyriam deportavit.

CXLIV.

Inter captivos, qui deducti sunt in Assyriam, fuit Tobias.

Is ab ineunte ætate legem divinam sedulò observabat.

Quúm esset puer, nihil tamen puerile gessit.

Denique dum irent omnes ad vitulos aureos, quos Jeroboamus, rex Israëlis, fecerat, et populo adorandos proposuerat, hic solus fugiebat.

societatem omnium; pergebat autem ad templum Domini, et ibi adorabat Dominum.

CXLV.

Tobias adultus uxorem duxit, habuitque filium, quem ab infantia docuit timere Deum, et ab omni peccato abstinere.

Quùm in captivitatem adductus esset, eandem in Deum pietatem semper retinuit: omnia bona, quæ habere poterat, quotidiè exilii sui comitibus impertiebat, eosque monitis salutaribus ad colendum Deum hortabatur.

Gabelo cuidam egenti decem talenta, quibus à rege donatus fuerat, perhumaniter commodavit.

CXLVI.

Posteà exortus est novus Assyriorum rex Israëlitis infensus, qui eos vexabat, necabat, et sepeliri vetabat.

In hâc calamitate Tobias fratres invisebat, miseros consolans, egenos opibus suis juvans et mortuos sepeliens.

Ea res nunciata est regi, qui jussit Tobiam interfici et bonis omnibus spoliari.

At Tobias cum uxore et filio delituit, sicque regis iram effugit.

CXLVII.

Die quodam festo, quùm domi lautum convivium paravisset, misit filium ut aliquot é sociis ad prandium invitaret.

Reversus filius nunciavit patri hominem Israëlitem jacere in foro mortuum.

Exsiliens statim Tobias cadaver occulté portavit domum, ut illud noctù sepeliret.

Sui illum amici ab hoc officio dehortabantur; at Tobias magis Deum quàm regem timens, id facere non destitit.

CXLVIII.

Tobias in præstando solito officio defatigatus, incubuit parieti et obdormivit: forté ex nido hirundinum stercora calida incìderunt in oculos dormientis, undé cæcus factus est.

Quam calamitatem ideò permisit Deus illi evenire, ut esset illustre patientiæ exemplum posteris propositum ad imitandum.

Nam Tobias adeò patienter tulit cæcitatem, ut neque illum querentem quisquam audierit, neque ille eó minùs constanter Deum coluerit.

CXLIX.

Uxor Tobiæ in texendâ telâ comparabat ea quæ ad victum erant necessaria. Quadam die domum attulit hædum, quem pretio laboris quotidiani emerat.

Hædum balantem audivit Tobias; et veritus, ne furto ablatus esset, dixit uxori: vide ne iste clam alicui ereptus sit: redde illum domino suo; nefas enim est nobis ex rapto vivere. Adeò vir justus ab omni improbitate abhorrebat.

CL.

Tobias mortem sibi imminere putans, vocavit filium suum: audi, inquit, fili mi, verba patris amantissimi, eaque penitùs memoriæ tuæ infixa hæreant, ut vitam sapienter instituas.

Quotidiè Deum cogita, et cave ne unquàm in eum pecces, ejusque præcepta negligas.

Miserere pauperum, ut Deus tui misereatur: quantúm potueris, esto beneficus et liberabis; si tibi magnæ opes suppetant, multùm tribue; si parvæ, parùm, sed libenter; quoniam beneficentia hominem ab æternâ morte liberat.

Superbiam fuge, neque eam in animum aut in sermonem sinas obrepere.

CLI.

Quod tibi nolis fieri, aliis ne facito: fili mi, si quis tibi opus fecerit, statim ei mercedem persolve: consilium semper à viro sapiente exquire: ne societatem cum improbis jungito.

Quùm ex hâc vitâ decessero, sepeli corpus meum: matrem tuam colito, memor malorum, quæ passa est, dùm te in utero gestaret, et quúm ipsa supremum diem obierit, eam ponito mecum in eodem sepulchro.

CLII.

Hoc etiam te moneo, fili mi, me commodavisse decem argenti talenta Gabelo, qui nunc commoratur Rage in urbe Medorum.

Tum adolescens patri; omnia, inquit, ut præcipis mihi, faciam, pater: quomodó autem illam pecuniam à Gabelo recipiam, ignoro: nam neque ille me, neque ego illum novi, nec quâ viâ eatur in Mediam scio.

Cui Tobias pater: chīrographum Gabeli habeo, quod quúm illi exhibueris, statim reddet pecuniam; sed quære tibi hominem fidelem, qui tibi sit dux viæ.

CLIII.

Egressus Tobias invenit júvenem stantem et accinctum ad iter faciendum: quem ignorans Angelum Dei esse, salutavit.

Undè es, bone juvenis? Sum, inquit ille, unus ex Israëlitis.

Nostine, ait Tobias, viam quæ ducit in Mediam? novi, inqúit, et sæpè usus sum hospitio Gabeli, qui ibi habitat.

Tobias ea lætus renunciat patri, qui arcessitum juvenem interrogavit an vellet esse filii comes et itineris socius, promissâ mercede? id se velle respondit juvenis.

Itaque Tobias valedixit parentibus, simulque ambo dederunt se in viam, et canis secutus est eos.

CLIV.

Profecto Tobiâ, cœpit mater ejus flere et acerbé queri, quòd vir suus dimisisset filium.

Cur nos orbâsti solatio senectutis nostræ? melius fuit carere istâ pecuniâ, ad quam recuperandam filius missus est: satis erat nobis, quòd filii conspectu frui liceret.

Cui maritus: noli flere, inquit, incolumis filius perveniet in Mediam; incolumis ad nos redibit. Deus mittet Angelum, qui ei prosperum iter præstet.

Quibus verbis sedata mulier tacuit.

CLV.

Intereá Tobias et Angelus pervenêre ad flumen Tigrim, et quùm adolescens accessisset ad abluendos pedes, ecce piscis ingens exsiliit, quasi illum devoraturus.

Ad cujus aspectum Tobias perterritus exclamavit: Domine, invadit me: cui Angelus: apprehende illum, et trahe ad te.

Piscis attractus in ripam aliquandiù palpitavit et expiravit.

Tunc jussit Angelus fel piscis seponi, utpotè medicamentum salutare: deindè partem carnis coxerunt comedendam in via.

CLVI.

Ut appropinquaverunt urbi, quæ vocabatur *Ecbotana*, dixi, Tobias Angelo: apud quem vis ut diversemur in hac urbe?

Cui Angelus: est hìc, inquit, vir quidam cognatus tuus, nomine Raguel: is nos hospito excipiet: habet filiam unicam, quam te oportet uxōrem ducere: pete eam à patre, nec dubito quin postulationi tuæ libenter annuat; Deus enim has tibi destinat nuptias, et omnes Raguelis facultates jure hærēditario ad te pervenient.

CLVII.

Eos lætus excepit Raguel, qui conspicatus Tobiam dixit uxori suæ; quàm similis est hic adoloscens cognato meo!

Tum ad hospites conversus: undè estis, boni juvenes? qui responderunt; sumus ex Israëlitis urbis Ninives. Nostis ne Tobiam? novimus. Tunc Raguel cœpit Tobiam laudibus efferre · quem interpellans Angelus: Tobias, inquit, de quo loqueris, pater istius est. Raguel complexus adolescentem, ait: tibi gratulor, fili mi, quia boni et optimi viri filius es: uxor Raguelis et filia collacrymaverunt.

CLVIII.

Deindè Raguel jussit apparari convivium, qûumque hospites hortaretur, ut discumberent; neque ego comedam, inquit Tobias, neque bibam, nisi prius filiam tuam mihi desponderis.

Cui Raguel: Deus profectò meas preces audivit, vosque huc adduxit, ut ista cognato suo nuberet: quapropter noli dubitare, quin eam tibi hodiê daturus sim uxorem.

Acceptâ chartâ, fecerunt conscriptionem conjugii, et laudantes Deum, mensæ accubuerunt.

CLIX.

Raguel Tobiam obtestatus est, ut apud se quindecim dies moraretur: cujus voluntati obtemperans Tobias rogavit Angelum, ut solus adiret Gabelum, paternamque pecuniam ab illo reciperet.

Itaque Angelus sumtis camelis properavit Ragem, suum Gabelo chirographum reddidit, pecuniam illi creditam recepit, eumque ad nuptias Tobiæ adduxit.

CLX.

Intereà Tobias pater erat animo anxio et sollicito, quòd suus filius in redeundo tardior esset: quaré tamdiu moratur filius? inquiebat mœrens: Forsitan Gabelus mortuus est, et nemo est qui illi reddat istam pecuniam: illum abesse á nobis vehementer doleo; cœperuntque ipse et uxor ejus flere.

Præsertim luctus matris nullo solatio levari poterat: hæc quotidié domo egressa circuibat vias omnes, quá filium suum rediturum esse sperabat, ut procul videret eum, si fieri posset, venientem.

CLXI.

Consumptis quindecim diebus, Raguel voluit Tobiam retinere: sed Tobias; oro te, ait, dimitte me quamprimum: scis enim parentes meos nunc animo angi mea causa.

Tandem a socero dimissus cum uxore ad patrem redibat.

In itinere dixit illi Angelus: statim ut domum ingressus fueris, Deum adora, et complexus patrem, lini oculos ejus felle piscis, quod servâsti; tunc sanabuntur oculi ejus, teque et cœlum pater lætus conspiciet.

CLXII.

Dum Tobias appropinquaret, mater ejus, ut solebat, in vertice montis sedebat, unde prospicere in longinquùm posset; vidit illum procul venientem, currensque nunciavit viro suo.

Tunc canis, qui simul fuerat in via, præcucurrit, et quasi nuncius adveniens cauda sua hero adulabatur.

Confestim pater consurgens cœpit offendens pedibus currere, et data manu servo processit obviam filio. Osculatus est eum, cœperuntque ambo præ gaudio lacrymas fundere.

CLXIII.

Quum ambo Deum adoravissent, eique gratias egissent, consederunt. Deinde Tobias oculos patris linivit felle piscis, et post dimidiam fermè horam cœpit albugo quasi membrana ovi ex oculis ejus egredi, quam apprehensam filius extraxit, atque ille statim visum recepit.

Tunc læti omnes collaudabant Deum; propinqui quoque Tobiæ convenerunt, gratulantes ei bona quæ Deus illi impertierat.

CLXIV.

Deinde Tobias narravit parentibus benficia que acceperat ab eo itineris duce, quem hominem esse putabat: quare obtulerunt illi dimidiam partem pecuniæ quam attulerant.

Tunc ille dixit eis: ego sum Raphaël Angelus, unus ex septem qui adstamus ante Deum: misit me Dominus ut sanarem te: nunc tempus est ut ad eum revertar a quo missus sum. Vos autem debitas Deo grates rependite.

Hæc locutus ab illorum conspectu ablatus est, nec ultra comparuit.

CLXV.

Tobias, postquam visum recepisset, vixit annis duobus et quadraginta. Instante autem morte, vocatum filium monuit ut semper in timoreDomini persevēraret. Tum placida morte quievit.

Mortuo patre Tobias filius perrexit ad socerum suum Raguelem, illumque omni officio coluit.

Denique quùm attigisset novem et nonaginta annos, ipse vita excessit. Omnes autem ejus liberi et nepotes domesticam virtutem sunt imitati, Deoque pariter et hominibus grati et accepti fuerunt.

CLXVI.

Hactenus ea quæ ad regnum Israeliticum spectabant breviter attigi: nunc revertor ad reges Judæ a quibus digressus sum.

Roboamo patri successit Abias, qui tres tantum annos regnavit, soliumque reliquit Asæ filio.

Asa Deo gratus ob pietatem fuit: quippe aras falsorum numinum evertit, et impios regno suo expŭlit.

Quam ob causam Deus illi pacem satis diuturnam concessit. Postea tamen Asa bellum gessit cum Israelitis, de quibus victis amplam prædam retulit.

CLXVII.

Mortuo patre, Josaphatus regnare cœpit, fuitque religiosus Dei cultor: quapropter Deus illum gloria et divitiis auxit.

Josaphatus tamen cum Achabo Israelitarum rege impio amicitiam junxit; quæ res illi magno damno fuit: nam conjunctis copiis pugnârunt adversùs regem Syriæ: in prælio Achabus interfectus est, parúmque abfuit quin periret et ipse Josaphatus, nec sine auxilio divino incolŭmis evasit. Inde documentum capere debemus quám periculosa sit improborum societas.

CLXVIII.

Josaphato patri successit Joramus, qui a paterna pietate degeneravit; namque Athaliam impii Achabi filiam duxit uxorem, fuitque socero quam patri similior. Gravi morbo, quem Deus immiserat, consumptus est.

Post hunc Ochosiás filius regnum adeptus est, nec diu tenuit; nam pessimæ matris exemplo ad vitia impulsus, misĕre interiit.

CLXIX.

Mortuo Ochosia, mater ejus stirpem regiam interemit, et regnum occupavit. Unus tantum Ochosiæ filius, nomine Joas, promiscuæ cædi ereptus fuit, et in templo cum nutrīce occultatus.

Hunc Joiadas Pontifex in templo clanculúm aluit, atque educavit. Post annos fere octo puerum regium centurionibus et plebi coram produxit, occisaque Athalia, in regnum restituit.

CLXX.

Joas, quamdiu consiliis Joiadæ usus est, observantissimus fuit divini cultus; magnis sumptibus templum exornavit.

Sed Joiada mortuo, aulicorum adulatione corruptus ad vitia deflexit, veramque religionem deseruit.

Immemor beneficii a Joiada accepti, filium illius sapienter admonentem lapidibus obrui jussit.

Ipse paulo post a suis in lectulo necatus, sepultura regia caruit.

CLXXI.

Joæ morte regnum ad Amasiam filium devenit; is Idumeam adortus est cum ingentibus copiis, quas magno sumptu collegerat; sed a Propheta admonitus est ut magis divino auxilio quam militum multitudini confideret.

Itaque dimissâ militum parte, parva manu cum hoste conflixit, et insignem victoriam reportavit.

Deinde elatus victoria Deum deseruit, et a rege Samariæ, quem temere lacessiverat, amisso exercitu captus est.

CLXXII.

Osias Amasiæ filius et successor fuit. Philistæos, Deo favente, domuit; Arabes devicit.

Postea animum ejus invasit superbia; munus sacerdotum sibi arrogavit; thus Deo ausus est offerre, quod solis sacerdotibus fas erat; quumque a Pontifice admonitus, non paruisset, turpi morbo, quem *lepram* vocant, correptus est.

Quaré procurationem regni coactus est relinquere Joathæ filio, qui recté imperium administravit.

CLXXIII.

Achas Joathæ filius in Deum impius fuit, numina gentium coluit. Regis exemplum brevi secuta est civitas ipsa.

Quam ob causam Deo invisus magnam cladem ab Samariæ et Syriæ regibus accepit, nec illum calamitas ad meliorem mentem revocavit.

Non eum puduit ab Assyriis auxilium petere, aurumque et argentum a templo ablatum illorum regi dono mittere: venit rex Assyriorum, et primum quidem hostes ejus qui se advocaverat, profligavit, sed deinde ipsius etiam regnum vastavit.

CLXXIV.

Ezechias singulari pietate floruit; statim ut regno potitus est, populum et sacerdotes cohortatus, urbem a paternis superstitionibus expiavit, templum ornavit, ceremonias, quæ jampridem omissæ fuerant, restituit.

Nec minor ei fuit in bello gerendo virtus quam in religione tuenda pietas: Philistæos multis præliis contudit, Judæosque a tributis, quæ pendebant Assyriis, liberavit.

CLXXV.

Iisdem temporibus Ezechias in gravem morbum incîdit: quumque Isaias Propheta illi denunciâsset vitæ finem adesse, Deum rex cum lacrymis oravit ne sibi vitam adimeret.

Precibus ejus et lacrymis motus Deus, quindecim annorum usuram illi concessit: atque ad faciendam fidem, solis umbra, rege ita postulante, per decem lineas regressa est in ejus horologio.

Tertio post die, Ezechias sanatus templum adiit.

CLXXVI.

Rex Assyriorum bellum Ezechiæ intulit: Hierosolymam obsidione cinxit, minitans urbis excidum, nisi cives maturâ deditione sibi consulerent.

In hoc statu rerum Ezechiam confirmavit Isaias, pollicitus divinum auxilium non defuturum, brevique obsidionem solutam iri.

Et verò nocte sequenti Angelus Dei centum octoginta quinque hostium millia letho dedit. Rex Assyriorum trepidus in patriam fugit, ibique paulo post a filiis occisus est.

CLXXVII.

Ezechias tanto periculo liberatus, in summa pace reliquum vitæ tempus egit: omnia illi feliciter cedebant, quia Deus illi favebat: ipse tot beneficis divinis obligatus eâdem constanter pietate mansit: omnem suam spem in Dei auxilio posuit: iis rebus, quæ Deo placebant, animum semper intendit.

Regnavit annos novem et viginti, quibus exactis, placida morte decessit. Populus eum luxit, et corpus ejus inter sepulcra avorum regum loco editiore collocatum est.

CLXXVIII.

Ezechiæ successit Manasses, patris religiosi filius impius. Is, relicto veri Dei cultu, falsa numina adoravit.

Ad impietatem accessit crudelitas; quum enim Isaias propheta iram divinam illi denunciasset, rex furore percitus prophetam serrâ ligneâ secari jussit.

Necem vatis sui brevi ultus est Deus: Manasses ab Assyriis victus captusque est, et in vincula conjectus.

Ibi calamitate edoctus scelerum veniam suppliciter a Deo petiit et impetravit: in regnum restiutus Deum piè coluit.

CLXXIX.

Amon Manassis filius paternam impietatem imitatus est, non vero pœnitentiam.

Non ultra biennium regnavit, et a suis domi interfectus est.

Cui successit Josias vir sanctus, et religiosus: is a puero virtuti deditus, populum ad legitimum cultum revocavit:

At illum deinde inconsiderata fiducia perdidit: nam contra Egyptios exercitum duxit, admonitusque a Deo ut prælio abstineret, nihilominus acie dimicavit. Itaque, re male gesta, vulnus accepit, et paucis post diebus mortuus est.

CLXXX.

Josias moriens tres reliquit filios: ex his Joachas tres duntaxàt menses regnavit: bello captus est Assyriorum rege.

In Joachæ locum suffectus est Jechonias, quo regnante Nabuchodonosor Babyloniorum rex Hierosolymam expugnavit, cives Babylonem transtulit, relicta vili plebecula, qui præfecit Sedeciam postremum regem.

Quum Sedecias rebellasset, Nabuchodonosor reversus urbem diruit, templum incendit, Sedeciam, effossis prius oculis, in carcerem misit.

CLXXXI.

Inter captivos, qui Babylonem abducti fuerant, delecti sunt pueri eximia forma, Daniel, Ananias, Misaël et Azarias: hi cum aliis multis in ipsa regia educabantur, ut postea ad mensam regis consisterent, eique accumbenti ministrarent.

Nabuchodonosor jusserat eos, quo meliore vultu essent, iisdem cibis ali, quibus ipse vescebatur; at, generosi illi pueri, cibis profanis, quia id lex vetabat, uti noluerunt, sed solis leguminibus: attamen robustiories ac nitentiores facti sunt cæteris pueris quibuscum nutriebantur.

CLXXXII.

Nabuchodonosor sibi posuit statuam auream, quam ab omnibus jussit adorari, proposita mortis pœna iis qui parere nollent.

Ananias, Misaël et Azarias mori maluerunt, quam honorem soli Deo debitum statuæ deferre,

Iratus rex eos vestitos et catēnis vinctos conjecit in fornacem ardentem, sed flamma nihil illis nocuit: nec corpus adusit ignis, nec vestes quidem mutavit, at solvit tantummodo vincula quibus constringebantur, ita ut illæsi in media fornace ambularent.

CLXXXIII.

Daniel gratia plurium valebat ob singularem prudentiam: quapropter invisus erat aulicis, qui ei insidias parabant: suaserunt regi ut edicto vetaret quemquam coli, nisi se, per dies triginta.

Non paruit Daniel edicto impio; sed quotidie Deum precabatur, uti facere ante consueverat.

Explorantes eum aulici accusaverunt, rexque coactus est hominem sibi carum objicere leonibus: nam ita lex ferebat:

Sed feræ Danieli pepercerunt, rexque miraculo commotus ipsos accusatores leonibus devorandos tradidit

CLXXXIV.

Mardochæus, unus ex captivis, Judæos e magno periculo liberavit. Filiam fratris sui utroque parente orbam, nomine Esterem, educaverat.

Hanc rex Assuerus duxerat uxorem, et valde diligebat.

Erat tunc aulicus quidam apud regem gratiosus, nomine Aman, qui favore regio superbiens adorari se volebat; quod facere renuens Mardochæus, grave in se odium Amanis accenderat.

Aman ulciscendi inimici causa, universam Judæorum gentem perdere statuit, edictumque eâ de re ab Assuero impetravit.

CLXXXV.

Ubi ad aures Mardochæi crudele edictum pervēnit, statim conscissis vestibus saccum induit, conspersusque cinere perrexit ad regiam, et illam implevit questibus.

Esther, lamentantis voce audita, quæsivit quid istud rei esset: ut cognovit Mardochæum, Judæosque omnes esse neci destinatos invocato Deo, adiit regem, suæ gentis ruīnam deprecatura. Non tamen continuò rem aperuit regi, sed eum ad convivium invitavit.

CLXXXVI.

Assuerus ad convivium cum Amane venit; et quùm hilari esset animo, Esther ad illius pedes se abjecit supplex.

Cui rex promisit nihil ei se negaturum, etiamsi dimidiam regni sui partem peteret.

Tum Esther: meam ô rex, meæque gentis salutem precor; nam crudelis iste Aman nos devovit neci.

Quâ re permotus est Assuerus, audiensque crucem ab eo paratam esse Mardochæo, Amanem ipsum eidem cruci jussit affigi.

CLXXXVII.

Captivitas Babylonica per septuaginta annos duravit, idque prædixerat Deus. Postquam illud tempus effluxit, Cyrus, Persarum rex, devicto Babyloniorum rege, Judæis fecit potestatem in patriam remigrandi, templumque restituendi: sacra etiam vasa, quæ Nabuchodonosor abstulerat, reddi jussit.

Itaque Judæi, duce Zorobabele, Hierosolymam regressi sunt, et prima novi templi fundamenta jecerunt; sed ædificatio diù intermissa fuit, quia illam impediebant vicinæ gentes.

CLXXXVIII.

Reversi in patriam Judæi, composito urbis statu, non jam reges habuêre, sed imperium penès pontificès fuit: tributa tamen pensitârunt primum Persis, deindè Græcis, post devictum ab Alexandro Darium.

Nec deinceps ab avita religione unquàm desciverunt, quamvis ea de causa à pluribus regibus vexati fuerint, ac præsertim ab Antiocho rege Syriæ: quæ pars historiæ Judaicæ nunc narranda venit.

CLXXXIX.

Antiochus Syriæ rex, sacram Judæorum legem evertere aggressus est: edixit ut omnes, relictis majorum suorum institutis, gentilium ritu viverent: aras falsis diis per universam Judæam extruxit: omnia templi Hierosolymitani ornamenta detraxit: libros sacros jussit comburi: reluctantes inauditis suppliciis affecit: urbem innumerâ cæde vastavit: ac, ne Judæi tot malis oppressi rebellarent, præsidium in arce collocavit.

Ex Judæis multi patriam deseruerunt, declinandi periculi causa: multi mortem oppetierunt, potiùs quam a lege divina discederent.

Insignis fuit Eleazari senis constantia: is aperto ore compellebatur carnem suillam comĕdere, quam Judæis lex interdicebat.

At vir fortissimus cibum vetitum respuebat indignans: quam ob rem quùm ad supplicium duceretur, sui eum amici hortabantur ut aliam carnem, quam attulerant, comedendo, simularet se regi paruisse, sicque mortem vitaret.

CXC.

Eleazarus rem pravam suadentibus noluit assentiri; ætati nostræ, inquit, non convenit ista simulatio: non committam ut periculosum exemplum adolescentibus relinquam: multò satius est perire, quám propter brevem vitæ usuram turpitudinis notam meo nomini inurere.

Si vestro obsequar consilio, hominum quiden suppliciis eripiar; sed iram divinam non effugiam.

His dictis, mortem fortiter subiit æternamque gloriam est consecutus.

CXCI,

Præclarum Eleazari exemplum secuta est mulier quædam cum septem filiis.

Hi omnes simul comprehensi sunt et virgis cæsi, ut peccandum adigerentur; sed eos nulla vis potuit à lege divina abducere. Illorum natu maximus declaravit se suosque fratres paratos esse mori magis quam culpam committere.

Iratus rex ollas æneas succendi jussi; tùm ei qui locutus fuerat, linguam amputari, cutem capitis detrahi; summas manus ac pedes præcidi, et truncum corpus in olla torreri.

Aderant tristi spectaculo cæteri fratres cum matre, seque invicem hortabantur ad mortem fortiter tolerandam.

Tum comprehensus est secundus, et post detractam capitis cutem cum capillis, interogatus num vellet carnem oblatam edere, negavit se id facturum: quapropter præcisis membris in ollam ardentem missus est.

Quùm extremum spiritum ageret, ad regem conversus: tu quidem, ait, hanc vitam nobis eripis; sed amissam nobis reddet Deus, pro cujus lege eam profundimus.

Post hunc tertius similiter cruciatus est: linguam postulanti protulit amputandam, manusque protendens, dixit: hæc membra a Deo accepta nunc propter Deum contemno, quia spero fore ut ea recuperem.

Rex et alii circumstantes admirabantur animum adolescentis, qui acerbissimum dolorem pro nihilo ducebat.

Hoc extincto, quartus eodem supplicio necatus est: quùm jam morti esset proximus, dixit: nobis optabile est letho dari, quoniam mortem pro divina lege oppetitam immortalitas consequetur.

Quùm quintus à carnificibus torqueretur, sic locutus est: abuteris, ò rex, potestate tuâ: scilicet putas nos omninò derelictos esse à Deo, et omni ope destitutos, atque idcirco innumeris malis nos opprimis, sed mox ipse divinæ potentiæ vim experturus es.

Pari constantia sextus verbera et tormenta pertulit, quibus penè confectus regem sic compellavit: noli errare, et malis nostris gloriari; nos propter peccata nostra hæc patimur; at brevi cum Deo in gratiam redibimus: tu verò superbiæ et crudelitatis istius pœnas dabis gravissimas.

Ex septem fratribus unus tantum supererat, natu minimus. Quem Antiochus cœpit illicere ut legem desereret, affirmans eum divitem fore et beatum; sed adolescens nec minis movebatur, nec promissis.

Quaré matrem rex hortatus est, ut filio suaderet imperata facere. Illa irridens crudelem tyrannum, sic filium allocuta est: miserere matris tuæ, quæ te utero gestavi, quæ te natum lacte alui; noli a fraternâ virtute degenerare: noli timere carnificem istum. Deum unum time, Deum intuere, à quo mercedem recipies.

His verbis confirmatus adolescens exclamavit: non regi obsequor, sed legi: tum conversus ad Antiochum: tu quidem, ô sceleste, Dei omnipotentis iram non effugies: erit tempus quúm ab eo percussus et dolore victus te hominem esse confiteberis. Nisi gens nostra in Deum peccavisset, nunquam in has miserias incidissemus; sed mox Deus meo fratrumque meorum sanguine placatus, genti nostræ reconciliabitur, et nos post mortem patienter toleratam æterna vita donabit.

Tum Antiochus indigne ferens se derisum esse, in adolescentulum crudelius etiam quam in cæteros desæviit, et illum exquisito supplicio necavit.

Denique septem filiorum cædem matris nece cumulavit. Hæc mulier planè admirabilis, et sempiterna memoria digna, postquàm filios certantes et aspectû et verbis adjuverat, postquam morientes magno animo complexerat, ipsa diram mortem subiit, suumque sanguinem cum filiorum sanguine commiscuit.

CXCII.

Erat tunc Hierosolymæ sacerdos, nomine Mathathias cum quinque filiis, Juda, Jonatha, Eleazaro et Joanne Hi. relicta urbe, ne viderent mala, quibus ea conflictabatur, secesserunt in solitudinem.

Eò confluit multitudo hominum, quibus cordi erant leges divinæ, brevique ad speciem justi exercitus crevit.

Tunc, duce Mathathia, statuerunt patriam armis liberare, et religionem tueri: itaque aras passim falsis numinibus erectas evertērunt, neglectumque veri Dei cultum restituerunt.

CXCIII.

Interea Mathathias mortuus est, moriensque exercitui præfecit Judam filium, qui dictus est Machabæus.

Is bellum à patre susceptum strenué persecutus est. Omnia optimi ducis munia egregie implevit: divino, quod invocaverat, auxilio frētus, castella expugnavit, urbes præsidiis munivit, Apollonium unum ex præfectis Antiochi vicit, et ipse sua manu in acie interfecit, ejusque gladio, quem illi detraxerat, in præliis deinceps usus est.

CXCIV.

Antiochus, ubi audivit victum fuisse Apollonium, ira exarsit: mandatum dedit Lysiæ, ut Judæam vastaret, gentemque universam delēret.

Lysias Nicanorem et Georgiam adversùs Judæos misit, quibus dedit quadraginta peditum et septem equitum millia: hi castra posuerunt non longè ab urbe Hierosolyma.

Judas, cujus spes omnis in Deo posita erat, non dubitavit cum tribus hominum millibus prælium committere. Tam exiguâ manu copias regis prostravit, et ingenti præda potitus est.

CXCV.

Hæc clades nunciata est Lysiæ, qui, existimans id culpâ imperatorum accidisse, statuit ipse exercitum ducere. Venit igitur in Judæam cum sexaginta quinque hominum millibus.

Habebat Judas decem tantùm millia hominum; tamen adversùs Lysiam processit, et invocato prius divino auxilio cum hoste conflixit.

Quinque hominum millia de exercitu Lysiæ cecīdit, reliquos adeó perterruit, ut in fugam versi sint.

CXCVI.

Pulsis hostibus, Judas restituendo cultui divino animum intendit: rediit victor in urbem Hierosolymam, quæ fœdam sui speciem præbebat.

Portæ templi exustæ erant, altare pollutum, virgulta in atriis, quasi in saltu, enata.

Judas omnia purgavit, portas refecit, novum altare erexit, cujus dedicatio magnâ totius populi frequentiâ, clangentibus tubis facta est, decretumque ad memoriam rei sempiternam, quotannis diem solennem celebratum iri.

CXCVII.

Concitatæ ob restitutum templum gentes vicinæ bellum Judæis intulerunt: contra illos Judas Machabæus dimicavit: eo in prælio Deus manifestum se præbuit Judæ adjutorem; nam inter pugnandum apparuerunt quinque viri equis et virtute insignes, quorum duo Judam medium habentes incolumem servabant, in hostes verò tela et fulmina jaciebant: undè illi oculis et mente turbati ad viginti quinque millia interfecti sunt.

CXCVIII.

Antiochus, ut cognovit suos duces a Juda Machabæo fuisse devictos, amens furore, in Judæam citato curru contendit, excidio gentis et urbis acceptam cladem ulturus.

At illum subitus viscerum dolor corripuit a Deo immissus; quumque nihilominus cursum acceleraret, è curru graviter decidit, casus gravis ægrum jam corpus valdè affixit: unde factum est membra corrupta scaterent vermibus, et fœtorem laté emitterent, exercitui et ægro ipsi intolerabilem.

CXCIX.

Antiochus doloris acerbitate victus tandem ad sanam mentem rediit: se mortalem esse agnovit, et recordatus malorum, quibus Judæos affecerat; apertè confessus est se suorum scelerum pœnas luere: promisit se Judæos florentes beatosque facturum.

Sed quia ea omnia metus mortis ipsi extorquebat, non vera pœnitentia, divinam misericordiam non flexit rex impius et homicida, et morbo in horas ingravescente, miserè interiit.

CC.

Antiocho successit filius, cui nomen *Eupator* fuit. Hic paterni in Judæos odii hæres, contra eos misit Lysiam, qui jam semel victus a Juda, hanc maculam cupiebat eluere.

Judas ad opem divinam confugit, uti facere solebat, ōravitque Dominum, ut Angelum mitteret in populi adjutōrem.

Deindè sumptis armis obviàm hosti cum suis progressus est. Tunc ante aciem Judæorum visus est eques, veste candida, armis aureis indutus, hastam vibrans.

Quo prodigio confirmati Judæi, leonum more, in hostes irruērunt, et undecim millia peditum, equites mille et sexcentos prostravērunt.

CCI.

Rex ipse Eupator, ad opprimendum Judam Machabæum, omnes regni sui vires collēgit: itaque cum centum millibus peditum, et viginti millibus equitum in Judæam ingressus est.

Præibant elephanti, vastâ corpŏris mole et horrendo stridōre terribiles: singulis belluis impositæ erant ligneæ turres, ex quibus pugnabant mīlites armati.

Sed Judas, qui potentiæ divinæ magis quàm numero militum confīdebat, isto terrifico belli apparatu non fuit commotus, in eam castrorum hostilium partem irruit, ubi erat tabernāculum regis, et occīsis quatuor hominum millibus, tantas opes dissipavit.

CCII.

Memorabilis fuit hæc pugna fortitudine et morte Eleazari: is viderat belluam unam cæteris majōrem, ac phaleris regiis circumtectam; existimans illâ regem vehi, se pro communi salūte devōvit: per mĕdios hostes ad belluam properavit, sub illīus ventrem subiit, repetītis ictibus confossam occīdit, et belluæ labentis pondere oppressus ipse occubuit.

CCIII.

Demetrius, occupato Syriæ regno, adversùs Judæos Nicanorem misit. Hic impius, extensâ in templum dexterâ, ausus est minari se Dei ædem solo æquāturum.

Judas et milites ejus, quamquam pauci erant, cum illo conflixērunt, manu quidem pugnantes, sed Dominum animo orantes.

Regium exercitum ad internecionem cecidērunt. Nicanor ipse inter hostium cadāvera repertus est, cujus caput avulsum Judas Hierosolymam ferri jussit, manumque nefāriam templo affixam suspendi.

CCIV.

Mox secutum est alterum prælium cum Bacchide uno ex Demetrii præfectis: quod quidem prælium fuit Judæis fūnestum: nam illi, amissâ quam in Deum habuerant fiduciâ, animo conciderunt, et alii aliò dilapsi sunt.

Judas cum octingentis tantum hominibus impĕtum hostium sustinuit; imò oppositam sibi aciei partem fudit, sed multitudine hostium circumventus illorum telis confossus est. Quàm carus populo fuerit, mærore funeris indicatum est: sui eum cives diù luxerunt.

CCV.

In locum Judæ suffectus est Jonathas. Is fraternæ virtutis æmulus Bacchidem pluribus præliis vicit, illumque ad petendam pacem adēgit.

Interea Demetrium Regem interfecit Alexander, qui se Antiochi filium dictitabat. Is fœdus cum Jonatha fecit, eum veste purpurea dōnavit, semperque in data fide mansit. Ità quamdiu Alexander regno potītus est, res Judæorum tranquillæ fuērunt; sed paulo post Jonathas à Triphone quodam per insidias necatus est.

CCVI.

Summa rerum ad Simonem Jonathæ fratrem delata est. Is funus fratris magnifice curavit, nec diu regnavit; nam et ipse generi sui fraude periit.

Simoni patri successit Joannes, nomine Hircanus, qui post annum mortuus hæredem relīquit filium Aristobulum. Hic primus omnium post captivitatem regium nomen sumpsit, capitique diadēma imposuit.

CCVII.

Mortuo Aristobulo, Alexander ejus filius regnavit: is nulla re memorabili gesta decessit: duos reliquit filios, qui acriter de regno inter se decertaverunt.

Hujus dissidii occasione, Pompeius populi Romani dux in Judæam venit, specie quidem restituendæ inter fratres concordiæ, revera ut istam provinciam Romano adjungeret imperio: Judæam stipendiariam populi Romani fecit.

Paulò post regnum Judæam invasit Herodes alienigena: hunc primum Judæi habuerunt regem ex alia gente ortum, eoque regnante natus est Christus, uti prædixerant Prophetæ.

I.

Deus creāvit cœlum et terram intra sex dies.
God created heaven and earth within six days.

Prīmo die fecit lucem. Sĕcundo die fecit
In first day he made light. In second day he made

firmamentum, quod vŏcavit cœlum.
firmament, which he called heaven.

Tertio die coegit aquas in unum lŏcum, &
In third day he collected waters into one place, and

eduxit è terra plantas & arbŏres.
drew out out of earth plants and trees.

Quarto die fecit solem & lunam, & stellas.
In fourth day he made sun and moon, and stars.

Quinto die ăves quæ vŏlitant in aëre, & pisces
In fifth day the birds which fly about in air, and fishes

qui nătant in ăquis.
which swim in waters.

Sexto die fecit omnia animantia, postremo
In sixth day he made all living things, lastly

homĭnem, et quievit septimo die.
man, and he rested in seventh day.

II.

Deus finxit corpus hominis e līmo terræ:
God formed body of man out of the mud of the earth:

dĕdit illi vīventem animam: fecit illum ad suam
he gave to him a living soul: he made him to his own

similitudinem, et nōminavit illum Adāmum.
likeness, and named him Adam.

Dèinde immisit sŏporem in Adamum, et
Afterwards he sent in deep sleep into Adam, and

detraxit unam è costis ejus dormientis.
drew forth one out of the ribs of him sleeping.

Ex eâ formavit mŭlierem quam dedit sŏciam
Out of it he formed woman whom he gave companion

Adamo, que sic instituit matrimonium.
to Adam, and thus he instituted matrimony

Nomen primæ mulieris fuit Eva.
The name of first woman was Eve.

III.

Deus posuit Adamum et Evam in horto ămœnissimo,
God placed Adam and Eve in garden most delightful,
qui sŏlet appellari terrestris Paradisus.
which is wont to be called terrestrial Paradise.

Ingens flŭvius irrĭgabat hortum: erant ibi omnes
Large river did water garden: there *were there all*
arbores jūcundæ aspectu, et fructus gustu suaves.
trees pleasant in the sight, and fruits in taste sweet.

Inter eas arbor scientiæ bŏni et mali.
Amongst them tree of knowledge of good and of evil.

Deus dixit homini: ūtere fructibus omnium arborum
God said to man: use with fruits of all trees
Paradisi, præter fructum arboris scientiæ boni et
of Paradise, except fruit of tree of knowledge of good and
mali: nam si comĕdas illum fructum, mŏrieris.
of evil: for if thou mayest eat that fruit thou shalt die.

IV.

Serpens, qui erat callidissimum omnium animantium,
The Serpent, which was most cunning of all living things,
dixit mulieri: cur comĕdis non fructum istīus arboris?
said to the woman: why eatest thou not fruit of that tree?

Mulier respondit: Deus prohibuit id. Si tetigerimus
Woman answered: God has forbid it. If we shall have touched
illum, moriemur.
it, we shall die.

Minime, inquit serpens: moriemini non:
By no means, *said serpent: you shall die not:*
sed eritis simĭles Deo, scientes bonum et malum.
but you shall be like to God, knowing good and evil.

Mulier decepta his verbis decerpsit fructum et
Woman deceived by these words plucked off fruit and
comēdit: deinde obtŭlit vĭro, qui păriter
ate: afterwards she offered to man, who likewise
comedit.
ate.

V.

Adamus fŭgiens conspectum Dei, abscondit se.
Adam flying sight of God, hid himself.
Deus vocavit illum: Adame, Adame. Qui respondit:
God called him: o Adam, o Adam. Who answered:
tĭmui tuum conspectum, et abscondi me.
I feared thy sight, and I hid myself.

Cur times, inquit Deus, nisi quia comedisti
Why fearest thou, said God, unless because thou hast eaten
vetĭtum fructum?
the forbidden fruit?

Adamus respondit: mulier, quam dedisti mihi
Adam answered: woman, whom thou hast given to me
sociam, porrexit, mihi istum fructum, ut ederem.
companion, stretched out to me that fruit, that I might eat.

Dominus dixit mulieri: cur fecisti hoc?
The Lord said to the woman: why hast thou done this thing?
quæ respondit, serpens decepit me.
who answered, serpent deceived me.

VI.

Dominus dixit serpenti: quia decepisti
The Lord said to the serpent: because thou hast deceived
mulierem, eris ōdiosus et execratus inter
woman thou shalt be hateful and execrated among
omnia animantia: reptabis super pectus, et
all living things: *thou shalt crawl upon breast, and*
comĕdes terram.
thou shalt eat earth.

Erunt inimīcitiæ inter te et mulierem: ipsa
There *shall be enmities between thee and woman: she*
olim contĕret tuum căput.
hereafter shall bruise thy head.

Dixit etiam mulieri: afficiam te multis
He said also to the woman; I will affect thee with many
malis; păries lībĕros in dŏlore, et
evils; thou shalt bring forth children in pain, and
eris in potestate viri.
thou shalt be in power of the man.

VII.

Dèinde Deus dixit Adamo: quia gessisti
Afterwards God said to Adam: because thou hast borne
morem tuæ uxōri, hăbebis terram infestam: ea
custom to thy wife, thou shalt have the earth hostile: it
fundet tibi spinas et carduos.
shall pour out to thee thorns and thistles.

Quæres ex ea victum cum multo lăbore, dōnec
Thou shalt seek out of it food with much labour, until

ăbeas in terram, e qua
thou mayest go away into earth, out of which
ortus-es.
thou hast arisen.

Tum ejecit Adamum et Evam ex horto
Then he cast out Adam and Eve out of garden
ut ille coleret terram; et collŏcavit Angelum,
that he might till earth; and he placed Angel,
qui præfĕrebat mănu igneum glădium, ut
who did bear before in hand fiery sword, that
custodiret aditum paradisi.
he might guard entrance of paradise.

VIII.

Adamus habuit multos liberos, inter quos Cainus et
Adam had many children, among whom Cain and
Abel numerantur; hic fuit pastor, ille agricola.
Abel are numbered: this was shepherd, that husbandman.

Uterque obtulit dona Domino, Cainus quĭdem fructus
Each offered gifts to Lord, Cain indeed fruits
terræ; autem Abel egrĕgias ŏves.
of earth; but Abel choice sheep.

Dōna Abelis plăcuerunt Deo, autem non dona
Gifts of Abel pleased to God, but not gifts
Caini; quod Cainus tulit ægrè.
of Cain: which Cain bore ill.

Dominus dixit Caino: cur invĭdes fratri? si
Lord said to Cain: why enviest thou to brother? if
făcies recte, rĕcipies mercēdem: sin-autem
thou wilt do rightly, thou shalt receive reward: but if
malè, lues pœnam peccati.
badly, thou shalt expiate punishment of sin.

IX.

Cainus pāruit non Deo monenti: dissimulans iram,
Cain obeyed not to God advising: dissembling anger
dixit suo fratri: age, eamus deambŭlatum.
he said to his brother: come, let us go to walk about.

Ităque ambo unà abierunt fŏras, et quum
Therefore both together went away out, and when

essent in agro, Cainus irruit in Abelem, et
they might be in field, Cain rushed upon Abel, and
interfecit illum.
slew him.

Deus dixit Caino: ubi est tuus frater? Cainus
God said to Cain: where is thy brother? Cain
respondit: nescio; num sum ĕgo custos
answered: I know not; whether am I keeper
mei fratris?
of my brother?

X.

Deus dixit Caino: Caine, quid fecisti? Sanguis
God said to Cain: O Cain, what hast thou done? the blood
tui fratris, quem ipse fūdisti tua mănu,
of thy brother, which thyself hast shed with thy hand,
clamat ad me.
cries to me.

Terra erit infesta tibi, quæ bibit sanguinem
The earth shall be hostile to thee, which drank blood
Abelis: quum colŭĕris eam longo et duro
of Abel: when thou shalt have tilled it with long and hard
labore, feret nullos fructus: eris vagus
labour, it shall bear no fruits: thou shalt be vagabond
in orbe terrarum.
in globe of the earths.

Cainus desperans vĕniam, fūgit.
Cain despairing pardon, fled.

XI.

Postquam nŭmerus hominum crevit, omnia vitia
After that number of men increased, all vices
invăluere. Quare Deus offensus statuit perdere
prevailed. Wherefore God offended resolved to destroy
gĕnus hominum dilŭvio.
the race of men by a deluge.

Attamen pepercit Noemo et liberis
Nevertheless he spared to Noah and to the children
ejus, quia colebant virtutem.
of him, because they did cultivate virtue

Noëmus admonitus a Deo extruxit ingentem arcam
Noah admonished by God built large ark

in mŏdum nāvis: linīvit eam bitūmine,
into manner of a ship: he daubed it with bitumen,

et induxit in eam unum par omnium avium
and he brought in into it one pair of all of birds

et animantium.
and of living things.

XII.

Postquam Noemus ipse ingressus est arcam
After that Noah himself entered ark.

cum conjŭge, trĭbus fīliis et tŏtidem nŭribus,
with wife, with three sons and as many daughters-in-law,

aquæ maris et omnium fontium erūperunt.
waters of the sea and of all fountains burst forth.

Simul ingens plŭvia cecĭdit per quadrāginta
At the same time large rain fell through forty

dies et totidem noctes.
days and as many nights.

Aqua operuit universam terram, ita ut
Water covered universal earth, so that

sŭperaret quindĕcim cubitis altissimos montes.
it might overtop by fifteen cubits highest mountains.

Omnia absumpta sunt diluvio: autem arca
All things *were taken away by deluge: but the ark*

sublĕvata aquis fluitabat in alto.
lifted up by the waters did float in the deep.

XIII.

Deus immisit vehementem ventum, et sensim aquæ
God sent in impetuous wind, and gradually waters

imminutæ sunt.
were diminished.

Tandèm undecimo mense, postquam diluvium
At length in the eleventh month, after that deluge

cœperat, Noemus ăperuit fĕnestram arcæ, et
had begun, Noah opened window of the ark, and

ēmisit corvum, qui reversus est non.
sent out raven, which returned not

Deinde emisit cŏlumbam: quum ea invēnisset
Afterwards he sent out dove: when it might have found

non lŏcum ubi pōneret pĕdem, rĕversa est ad
not place where it *might place foot, it returned to*

Noemum, qui extendit manum; et intulit eam in
Noah, who stretched forth hand, and brought in it into

arcam.
ark.

Columba rursum emissa attulit in suo ore rāmum
Dove again sent forth brought in its mouth branch

vīrentis ŏlivæ, quo finis diluvii significabatur.
of flourishing olive by which end of the deluge was signified.

XIV.

Noemus egressus est ex arcâ, postquam fuerat
Noah went out out of ark, after that he had been

inclusus ibi per totum annum, ipse et familia ejus:
shut up there through whole year, himself and family of him:

eduxit cum se aves que cætera animantia.
he led out with him birds and other living things.

Tum erexit altāre, et obtulit sacrifĭcium Domino.
Then he erected altar, and he offered sacrifice to Lord.

Deus dixit illi, delebo non deinceps genus
God said to him, I will destroy not henceforth race

hominum: pōnam meum arcum in nubibus, et erit
of men: I will place my bow in clouds, and it shall be

signum fœdĕris quod facio cum vobis.
sign of covenant which I make with you.

Quum obduxero nubes cœlo, meus arcus
When I shall have led over the clouds to the heaven, my bow

apparebit, et recordabor mei fœderis, nec unquam
shall appear, and I will remember of my covenant, nor ever

erit diluvium ad perdendum orbem terrarum.
shall be a deluge to destroy the globe of earths.

XV.

Omnes gentes prōpagatæ sunt a fīliis Noemi. Semus
All nations were peopled by the sons of Noah. Sem

incoluit Asiam, Chamus Africam, Japhetas Europam.
inhabited Asia, Ham Africa, Japhet Europe.

Pœna diluvii deterruit non homines a
Punishment of the deluge deterred not men from

vitiis, sed brĕvi facti-sunt pejōres quam prius.
vices, but in short time *they were made worse than before.*

Oblīti-sunt Dei Creatōris, adōrabant solem et
They forgot of God Creator, they did adore the sun and

lunam ; vĕrebantur non părentes : dicebant
moon ; they did reverence not parents : they did say

mendacium ; faciebant fraudem, furtum, homicīdium :
falsehood they did do fraud, theft, murder :

uno verbo contaminabant se omnibus flăgitiis.
in one word they did defile themselves with all crimes.

XVI.

Tamen quīdam sancti viri coluerunt vēram religionem
However some holy men cultivated true religion

et virtutem, inter quos fuit Abrahamus e genere
and virtue, among whom was Abraham out of race

Semi.
of Sem.

Deus fecit fœdus cum illo his verbis : Exi
God made covenant with him in these words : Go out

e paternâ domo, dēsere patriam, et pĕte rĕgionem,
out of paternal house, forsake country, and seek region,

quam sum dătūrus tuis postĕris : augebo
which I am about to give to thy posterities : I will increase

te numerosâ prole : eris pater multarum
thee with a numerous offspring : thou shalt be father of many

gentium, ac per te omnes nātiones orbis
nations, and through thee all the nations of the globe

erunt cŭmulatæ bonis. Aspice cœlum :
shall be loaded with good things. Behold the heaven :

dinŭmera stellas, si potes ; tua progĕnies æquābit
number the stars, if thou canst ; thy progeny shall equal

eas numero.
them in number.

XVII.

Abrahamus jam sĕnuerat, et Sara uxor
Abraham already had grown old, and Sarah the wife

ejus erat sterĭlis.
of him was barren.

Quibus tamen Deus promisit filium nasciturum
To whom however God promised a son about to be born

ex eis.
out of them.

Habebis, inquit, filium ex Sara tuâ conjuge.
Thou shalt have, he says, a son out of Sarah thy wife.

Quod Sara audiens risit, nec stătim adhibuit
Which Sarah hearing laughed, nor immediately applied

fidem promissis Dei, et idcircò
faith to the promises of God, and on that account

reprehensa-est a Deo.
she was reprimanded by God.

Autem Abrahamus crēdidit Deo pollicenti.
But Abraham believed to God promising.

Et vero uno anno post filius natus-est Abrahamo
And but in one year after a son was born to Abraham,

qui vocavit eum Isaacum.
who called him Isaac.

XVIII.

Postquam Isaacus adŏlevit, Deus, tentans fidem
After that Isaac grew up, God, trying the faith

Abrahami, dixit illi: Abrahame, tolle tuum ūnicum
of Abraham, said to him: O Abraham, take thy only

filium quem amas, et immŏla eum mihi in
son, whom thou lovest and sacrifice him to me in

monte quem ostendam tibi.
the mountain which I may shew to thee.

Abrahamus dŭbitavit non parēre Deo jŭbenti;
Abraham hesitated not to obey God commanding;

imposuit Isaaco ligna, vero ipse portabat
he put upon to Isaac woods, but he himself did carry

ignem et glădium.
fire and a sword.

Quum facerent ĭter sĭmul, Isaacus,
When they might make journey together, Isaac
were making

dixit patri; mi pater, ecce ligna et
said to his father: O my father, behold the woods and

ignis; sed ubinam est hostia immolanda?
fire; but where is the victim to be sacrificed?

Cui Abrahamus inquit: Deus, provĭdebit hostiam
To whom Abraham said: God will provide a victim

sibi mi fili.
to himself, O my son.

XIX.

Ubi ambo pervēnerunt in locum designatum,
When both arrived into the place designated,

Abrahamus extruxit altare: disposuit ligna,
Abraham erected an altar: he disposed the woods,

alligavit Isaacum sŭper struem lignorum; deinde
he bound Isaac upon the pile of woods; afterwards

arripuit gladium.
he seized the sword.

Tum Angelus clamavit de cœlo: Abrahame,
Then an Angel cried from heaven: O Abraham,

contĭne tuam manum: nŏceas ne puero,
restrain thy hand: thou mayest hurt not to the boy,

jam tua fides est, perspecta mihi, quum
now thy faith is seen to me, when

pĕperceris non tuo unico filio: et ego
thou mayst have spared not to thy only son: and I

făvebo tibi; rĕmunerabo splendidè tuam fidem.
will favor to thee; I will recompense splendidly thy faith.

Abrăhamus respexit, et vīdit arietem hærentem
Abraham looked back, and saw a ram sticking

cornibus inter vepres, quem immolavit loco filii.
by the horns among the brambles, which he sacrified in place of son.

XX.

Postea Abrahamus misit suum servum Eliezerem
Afterwards Abraham sent his own servant Eliezer

ad suos cognātos, qui erant in Mesopotamia, ut
to his relations, who were in Mesopotamia, that

adduceret inde uxōrem suo filio Isaaco.
he might lead thence a wife to his son Isaac.

Eliezer sumpsit dĕcem camēlos sui Domini, et
Eliezer took ten camels of his lord, and

profectus est, portans cum se magnĭfĭca munera,
departed, carrying with him manificent gifts,

quibus donaret puellam destinatam Isaaco et
with which he might gift the girl destinated to Isaac and

parentes ejus.
the parents of her.

Ubi pervēnit in Mesopotamiam, constitit cum
When he arrived into Mesopotamia, he stood with

camelis prope pŭteum aquæ ad vesperum,
the camels near a well of water to the evening,

quo tempŏre mulieres sŏlebant convĕnire ad
at which time the women were wont to assemble to

aquam hauriendam.
water to be drawn.

XXI.

Eliezer oravit Deum his verbis: Domine Deus
Eliezer prayed God in these words: O Lord God

Abrahami, fac ut puella quæ dabit potum
of Abraham, make that the girl who shall give drink

mihi petenti, ea sit quam destinas Isaaco. Ecce
to me asking, she may be whom thou destinest to Isaac. Behold

statim Rebecca virgo eximiâ pulchritudine
immediately Rebecca a virgin with exquisite beauty

prodiit gerens urnam hŭmeris, quæ descendit
went forth, carrying a pitcher on shoulders, who came down

ad puteum, et implevit urnam.
to the well, and filled the pitcher.

Tunc Eliezer progressus obviam puellæ, inquit: da
Then Eliezer having advanced towards to the girl said: 'give

mihi pōtum: cui Rebecca ait: bĭbe, mi Domine;
to me drink: to whom Rebecca said: drink, O my lord;

et simul demisit urnam.
and at the same time she put down the pitch.

Quum ille bibisset, Rebecca etiam obtulit aquam
When he might have drunk, Rebecca also offered water

camelis. Eliezer cognovit hoc indicio quod
to the camels. Eliezer knew by this token what

cŭpiebat scire.
he did desire to know.

XXII.

Eliezer protulit aureas inaures et armillas, quas
Eliezer brought forth golden ear-rings and bracelets, which

dedit Rebeccæ: tum interrogavit illam, cujus
he gave to Rebecca: then he asked her, of whom

esset filia, num esset in
she might be the daughter, whether there might be in

dŏmo patris locus ad commorandum?
the house of father place to abiding?

Cui Rebecca respondit: Ego sum filia Bathuelis:
To whom Rebecca respondit: I am the daughter of Bathuel:

meus ăvus est frater Abrahami: est
my grandfather is the brother of Abraham: there is

domi amplissimus locus ad commorandum; etiam
at home a most spacious place to abiding; also

est plurimum fœni et palearum ad usum camelorum.
there is very much of hay and of straws to the use of the camels.

Quod Eliezer audiens egit gratias Deo, qui
Which Eliezer hearing he acted thanks to God, who

tribuisset prosperum iter sibi.
might have granted a prosperous journey to him.

XXIII.

Rebecca prŏperavit domum, et narravit suæ matri
Rebecca hastened home, and related to her mother

ea quæ contĭgerant sibi.
those things *which had happĕned to her.*

Labanus frater Rebeccæ, cum audivisset
Laban the brother of Rebecca, when he might have heard

sŏrorem narrantem, adivit hominem, qui stabat ad
sister relating, went to the man, who did stand to

fontem cum camelis, et compellans eum, inquit:
fountain with camels, and addressing him, he says:

ingredere, mi Domine: cur stas foris?
enter, O my Lord: why standest thou without?

Paravi hospitium tibi, et locum camelis.
I have prepared reception to thee, and a place to the camels.

Deinde duxit eum domum, que appŏsuit
Afterwards he led away him home, and he placed near

cĭbum ei.
food to him.

XXIV.

Continuo Eliezer exposuit parentibus Rebeccæ
Immediately Eliezer explained to the parents of Rebecca

causam itineris suscepti, que rŏgavit ut
the cause of the journey undertaken, and asked that

annuĕrent suæ postŭlationi. Qui respondērunt: Ĭta
they would assent to his request. Who answered: thus

vŏluntas Dei fert: nec possŭmus obsistere Deo.
the will of God bears: nor are we able to oppose to God.

En! Rebecca; proficiscatur cum te, nuptura
Behold! Rebecca; she may depart with thee, about to marry

Isaaco.

Tum Eliezer deprompsit aurea et argentea vasa,
Then Eliezer brought out gold and silver vessels,

que pretiosas vestes, quas dedit Rebeccæ, etiam
and precious garments, which he gave to Rebecca, also

obtulit munera matri ejus, et fratri
he offered presents to the mother of her, and to the brother

et inierunt convīvium.
and they entered into repast.

XXV.

Postridie Eliezer surgens manè, dixit
The day after Eliezer rising in the morning, said

părentibus Rebeccæ; meus hĕrus exspectat me:
to the parents of Rebecca; my master expects me:

dimittite me, ut redeam ad illum.
dismiss me, that I may return to him.

Qui responderunt: vocemus puellam, et
Who answered: let us call the girl, and

percontemur sententiam ejus.
let us inquire the opinion of her.

Quum Rebecca venisset, sciscitati sunt an
When Rebecca might have come, they asked whether

vellet discēdere cum homine? Volo, illa
she might wish to depart with the man? I will, she

inquit. Ergo dimiserunt Rebeccam et nutrīcem
says. Therefore they sent away Rebecca and the nurse

illius, prĕcantes omnia prospera ei.
of her, praying all things prosperous to her.

XXVI.

Tunc fortè Isaacus deambulabat rure,
Then by chance Isaac did walk about in the country,

vidit camelos venientes. Simul Rebecca
he saw the camels coming. At the same time Rebecca

conspicata vīrum deambulantem, desiluit è
having seen a man walking about, leaped down from

camelo, et interrogavit Eliezerem, quis est ille vir?
the camel, and asked Eliezer, who is that man?

Eliezer respondit: ipse est meus herus. Statim illa
Eliezer answered: he is my master. Imediately she

ŏperuit se pallio.
covered herself with cloak.

Eliezer narravit Isaaco omnia quæ fēcerat.
Eliezer related to Isaac all things which he had done.

Isaacus introduxit Rebeccam in tabernaculum suæ matris,
Isaac introduced Rebecca into the tent of his mother,

et dŏlor quem căpiebat ex morte matris
and the grief which he did take out of the death of his mother

lēnitus-est.
was soothed.

XXVII.

Rebecca edidit uno partu duos filios, Esaum et
Rebecca brought forth at one birth two sons, Esau and

Jacobum. Qui editus est prior erat pīlosus, verò
Jacob. Who was brought forth former was hairy, but

alter lenis: ille fuit strenuus vēnator: autem hic
the other smooth: that was an active hunter: but this

placidus et simplex moribus.
gentle and simple in manners.

Quâdam die quum Jacobus paravisset
On a certain day when Jacob might have prepared

sibi pulmentum ex lentibus, Esaus venit fessus
to himself a pottage out of lentils, Esav came weary

de via, et dixit fratri: da mihi hoc
from the way, and said to brother: give to me this

pulmentum; nam redeo rure exanimatus
pottage; for I return from the country exhausted

lassitudine.
with fatigue.

Cui Jacobus: dabo, si concedas mihi
To whom Jacob: I will give, if thou mayest grant to me

jus primogeniti.
the right of the first-born.

Faciam lĭbenter, Esaus inquit: Ergo jura,
I will do willingly, Esau says: Therefore swear,

Jacobus ait. Esaus juravit et vendĭdit suum jus.
Jacob says. Esau swore and sold his right.

XXVIII.

Isaacus, qui delectabatur vēnatione, amabat Esaum,
Isaac, who was delighted with hunting, did love Esau,

vero Jacobus erat cārior Rebeccæ.
but Jacob was dearer to Rebecca.

Quum Isaacus jam sĕnuisset, et esset
When Isaac now might have grown old, and might be

factus cæcus, vŏcavit Esaum, sumito, inquit,
made blind, he called Esau, take thou, he says,

pharetram, arcum, et sagittas: affer mihi et
quiver, bow, and arrows: bring to me and

para de venatione pulmentum, ut comedam et
prepare from hunting a pottage, that I may eat and

apprecer omnia fausta tibi antequam
I may pray for all things *prosperous to thee before that*

moriar. Itaque Esaüs profectus-est venatum.
I may die. Therefore Esau departed to hunt.

XXIX.

Rebecca audierat Isaacum loquentem: vocavit
Rebecca had heard Isaac speaking: she called

Jacobum, et inquit; afferto mihi duos opīmos
Jacob, and says; bring thou to me two fat

hædos: conficiam pulmentum, quo tuus păter
kids: I will make a pottage, with which thy father

delectatur valde: appōnes ei cĭbum,
is delighted very much: thou shalt place near to him food,

et prĕcabitur bene tibi.
and he will pray well to thee.

Jacobus respondit: ego ausim non facere id,
Jacob answered: I may dare not to do that,

mater: Esaüs est pilosus; ego sum lenis: si pater
O mother: Esau is hairy; I am smooth: if father

attrectāverit me, succensebit mihi: ita
shall have handled me, he will be angry to me; thus

indignatio patris et damnum evenient mihi
the indignation of father and loss will happen to me

pro benevolentiâ ejus.
for the good-will of him.

XXX.

Rebecca institit: timeas ne, inquit, O mi
Rebecca insisted: thou mayest fear not, she says, O my
fili. Si quid adversi sequatur inde, sumo
son. If any thing of adverse may follow thence, I take
totum id mihi; vero tu dŭbites ne facere
the whole that to me; but thou mayest doubt not to do
quod jussus-es.
what thou hast been ordered.

Itaque Jacobus abiit et attulit matri
Therefore Jacob went away and brought to mother
duos hædos; illa paravit sĕni cibum quem
two kids; she prepared to the old man food which
noverat esse suavem palato ejus.
she had known to be sweet to the palate of him.

Deinde induit Jacobum vestibus fratris:
Afterwards she clothed Jacob with garments of brother:
aptavit pellem hædi manibus et collo
she fitted the skin of a kid to the hands and to the neck
ejus.
of him.

Tum inquit, adi tuum patrem, et offer illi
Then she says, go to thy father, and offer to him
escam quam appetit.
the food which he longs for.

XXXI.

Jacobus attulit suo patri escam paratam a
Jacob brought to to his father the food prepared by
matre.
mother.

Cui Isaacus dixit; quisnam es tu? Jacobus
To whom Isaac said; who art thou? Jacob
respondit: ego sum Esaus tuus primogenitus; feci
answered: I am Esau thy first-born; I have done
quod jussisti, O pater; surge et comede
what thou hast ordered, O father; arise and eat
de mea venatione.
from my hunting.

Quomodo, ait Isaacus, potuisti invĕnire tam
How, says Isaac, hast thou been able to find so
citō? Invēni, pater; Deus ita vŏluit.
soon? I have found, father; God so has willed.

Isaacus rursum: es-ne tu meus primogenitus Esaus
Isaac again: art thou my first-born Esau?

accede propius, ut attrectem te.
approach nearer, that I may handle thee.

Ille accessit ad patrem, qui dixit: vox quidem
He approached to father, who said: the voice indeed

est Jacobi; sed manus sunt Esai.
is of Jacob; but the hands are of Esau.

XXXII.

Isaacus amplexatus Jacobum anteposuit eum
Isaac having embraced Jacob preferred him

fratri, et tribuit illi omnia bona.
to brother, and bestowed to him all good things.

Non multo post Esaus rediit a venatione, et ipse
Not much after Esau returned from hunting, and he

obtulit patri pulmentum quod păraverat.
offered to father the pottage which he had prepared.

Cui Isaacus mirans dixit: quis ergo est ille
To whom Isaac wondering said: who therefore is he

qui modo attulit mihi cibum, et cui
who just now brought to me food, and to whom

apprecatus-sum omnia fausta, tanquam
I have prayed for all things *prosperous, as if*

primogenito?
to the first-born?

Quod Esaus audiens edidit magnum clamorem,
Which Esau hearing he brought forth a great cry,

et implevit domum lāmentis.
and filled the house with lamentations.

XXXIII.

Esaus ardens ira mĭnabatur mortem Jacobo.
Esau burning with anger did threaten death to Jacob.

Quare Rebecca mater timens suo dilecto filio, inquit,
Wherefore Rebecca mother fearing to her beloved son, says,

fuge, mi fili; abi ad Labanum tuum avunculum, et
fly, O my son; go away to Laban thy uncle, and

commorare apud eum, donec ira tui fratris
abide at him, until the anger of thy brother

defervescat.
may grow cool.

Jacobus dimissus a patre et matre, profectus est
Jacob being sent away by father and mother, departed
in Mesopotamiam.
into Mesopotamia.

Faciens iter pervenit ad quendam locum, ubi fessus
Making journey he arrived to a certain place, where weary
de viâ pernoctavit: supposuit suo
from the way he passed the night: he placed under to his
căpiti lăpidem et obdormivit.
head a stone and fell asleep.

XXXIV.

Jacobus vidit in somnis scalam, quæ innixa
Jacob saw in sleeps a ladder, which having leaned upon
terræ pertingebat ad cœlum, atque Angelos Dei
to the earth did reach to heaven, and the Angels of God
ascendentes et descendentes; audivit Dominum dīcentem
ascending and descending; he heard the Lord saying
sibi: ego sum Deus tui patris; dăbo tibi et
to him: I am the God of thy father; I will give to thee and
tuis posteris terram cui incŭbas:
to thy descendants the earth to which thou liest on:
nōli timēre; ego favebo tibi; ero tuus
be unwilling to fear; I will favour to thee: I will be thy
custos, quocunque perrexeris, et
keeper, whithersoever thou shalt have proceeded, and
reducam te in patriam, ac per te omnes
I will lead back thee into country, and through thee all
nationes orbis erunt cumulatæ bonis.
nations of the globe shall be heaped with good things.

Jacobus expergefactus adoravit Dominum.
Jacob being awakĕned adored the Lord.

XXXV.

Jacobus persecutus iter pervenit in Mesopotamiam
Jacob having pursued journey arrived into Mesopotamia:
vidit tres greges pecorum cŭbantes propter puteum.
he saw three flocks of cattle lying down near a well.

Nam greges solebant adăquari ex eo puteo.
For the flocks were wont to be watered out of that well.

Os putei claudebatur ingenti lapide.
The mouth of the well was shut with a large stone.

Jacobus accessit illuc, et dixit pastoribus:
Jacob approached thither, and he said to the shepherds:

Fratres, unde estis? qui responderunt, ex urbe
Brethren whence are ye? who answered, out of the city

Haran.
Haran.

Quos interrogavit iterum, nostis-ne Labanum?
Whom he asked again, have you known Laban?

Dixerunt, novimus. Valet-ne? valet, inquiunt:
They said, we have known. Is he well? he is well, they say:

ecce Rachel filia ejus venit cum suo grege.
behold Rachel the daughter of him comes with her flock.

XXXVI.

Dum Jacobus loqueretur cum pastoribus, Rachel,
While Jacob might speak with the shepherds, Rachel,

filia Labani venit cum paterno grege; nam ipsa
the daughter of Laban, came with paternal flock; for she

pascebat gregem.
did feed flock.

Confestim Jacobus videns suam cognatam, amovit
Immediately Jacob seeing his relation, moved away

lapidem ab ore putei. Ego sum, inquit,
the stone from the mouth of the well. I am, he says,

filius Rebeccæ; et osculatus-est eam.
the son of Rebecca; and he kissed her.

Rachel festinans nunciavit suo patri, qui agnovit
Rachel hastening announced to her father, who recognized

filium suæ sororis, que dedit ei Rachelem in
the son of his sister, and gave to him Rachel into

matrimonium.
marriage.

XXXVII.

Jacobus commoratus-est diu apud Labanum:
Jacob abode a long time at Laban:

interea auxit mire suam rem et
in the mean time he increased wonderfully his thing and

factus-est dives.
was made rich.

Longo tempore post admonitus a Deo
In a long time after being admonished by God

rediit in suam patriam.
he returned into his country.

Extimescebat iram sui fratris: ut placaret
He did fear the anger of his brother: that he might appease

animum ejus, præmisit nuncios ad eum, qui
the mind of him he sent before messengers to him, who

offerrent munera ei.
might offer gifts to him.

Esaus mitigatus occurrit obviam Jacobo advenienti;
Esau being appeased ran towards to Jacob approaching;

insiliit in collum ejus, que flens osculatus-est
he leaped upon the neck of him, and weeping he kissed

eum; nec nocuit illi quidquam.
him; nor injured to him any thing.

XXXVIII.

Jacobus habuit duodecim filios, inter quos erat Josephus:
Jacob had twelve sons among whom was Joseph:

pater amabat hunc præ - cæteris, quia senex
father did love this before the rest, because old

genuerat eum. Dederat illi togam textam
he had begotten him. He had given to him a robe woven

e filis varii coloris.
out of threads of various colours.

Ob quam causam Josephus erat invisus suis
On account of which cause Joseph was odious to his

fratribus, præsertim postquam narravisset eis
brothers, especially after that he might have related to them

duplex somnium, quo futura magnitudo ejus
a double dream, by which the future greatness of him

portendebatur.
was portended.

Oderant illum tantopere, ut possent non
They had hated him so much that they might be able not

loqui amice cum eo.
to speak friendly with him.

XXXIX.

Hæc porro erant somnia Josephi Ligabamus,
These moreover were the dreams of Joseph. We did bind,

inquit, simul manĭpulos in agro: ecce! meus
he says, together sheaves in the field: behold! my

manipulus surgebat, et stābat rectus; autem vestri
sheaf did arise, and did stand upright; but your

manipuli circumstantes venerabantur meum.
sheaves standing around did worship mine.

Postea vidi in somnis solem, et lunam, et
Afterwards I saw in sleeps the sun, and the moon, and

undecim stellas adorantes me.
eleven stars adoring me.

Cui fratres responderunt: quorsum spectant ista
To whom brethren answered: whither look those

somnia? num tu eris noster rex? num
dreams? whether thou shalt be our king? whether

subjiciemur tuæ ditioni? Itaque fratres
shall we be subjected to thy dominion? Therefore brethren

invidebant ei; at pater consīderabat rem tacitus
did envy to him; but father did consider the thing silent.

XL.

Quâdam die quum fratres Josephi pascerent
In a certain day when the brethren of Joseph might feed

greges prŏcul, ipse remanserat domi. Jacobus
the flocks at a distance, he had remained at home. Jacob

misit eum ad fratres, ut sciret quomodo
sent him to brethren, that he might know how

haberent se.
they might have themselves.

Qui videntes Josephum venientem, ceperunt consilium
Who seeing Joseph coming, they took counsel

occidendi illius: ecce! inquiebant, somniator venit:
of killing of him: behold! they did say, the dreamer comes:

occidamus illum et projiciamus in puteum;
let us kill him and let us cast in a well;

dicemus patri: fera devoravit Josephum.
we will say to father: a wild beast has devoured Joseph.

Tunc apparebit quid sua somnia prosint illi.
Then it will appear what his dreams may profit to him.

XLI.

Ruben, qui erat maximus natu, deterrebat fratres
Reuben, who was the greatest by birth, did deter brethren

a tanto scelere.
from so great a crime.

Nolite inquiebat, interficere puerum; enim est
Be unwilling, he did say, to kill the boy; for he is

noster frater: demittite eum potiùs in hanc foveam.
our brother: send down him rather into this pit.

Habebat in animo lībĕrare Josephum ex manibus
He did have in mind to deliver Joseph out of the hands

eorum, et extrahere illum e fovea, atque reducere
of them, and to draw out him out of the pit, and to lead back

ad patrem.
to father.

Reipsa his verbis deducti-sunt ad mitius
In reality by these words they were led away to milder

consilium.
counsel.

XLII.

Ubi Josephus pervenit ad suos fratres, detraxērunt
When Joseph arrived to his brethren, they drew off

ei togam, quâ erat indūtus, et
to him the robe, with which he was clothed, and

detrusērunt eum in foveam.
they thrust down him into the pit.

Deinde quum consedissent ad cibum
Afterwards when they might have sat down to food

sūmendum, conspexerunt mercātores qui petebant Ægyptum
to be taken, they beheld merchants who did seek Ægypt

cum camelis portantibus văria aromăta. Venit
with camels carrying various perfumes. It came

illis in mentem vendere Josephum illis mercatōribus.
to them into mind to sell Joseph to those merchants.

Qui ēmerunt Josephum viginti argenteis nummis,
Who bought Joseph with twenty silver coins,

que duxerunt eum in Ægyptum.
and they lead him into Ægypt.

XLIII.

Tunc fratres Josephi tinxerunt togam ejus in
Then the brethren of Joseph dipped the robe of him in

sanguine hædi, quem occīderant, et miserunt
the blood of a kid, which they had killed, and they sent
eam ad patrem cum his verbis: invenimus hanc
it to father with these words; we have found this
togam : vide an sit toga tui filii.
robe: see whether it may be the robe of thy son.

Quam quum agnovisset, pater exclamavit:
Which when he might have recognised, the father exclaimed:
est toga mei filii: pēssima fera
it is the robe of my son: a worst wild beast
devoravit Josephum. Deinde scīdit vestem,
has devoured Joseph. Afterwards he cut his garment
et induit cilicium.
and put on sackcloth.

Omnes liberi ejus convenerunt ut
All the children of him came together that
lenirent dolorem patris; sed Jacobus
they might sooth the grief of father; but Jacob
noluit accipere consōlationem, que dixit: ego
would not to accept consolation, and he said: I
descendam mœrens cum meo filio in sepulchrum.
shall go down sorrowing with my son into the tomb.

XLIV.

Putiphar, Ægyptius, emit Josephum a mercatoribus.
Potiphar, an Egyptian, bought Joseph from the merchants.

Autem Deus favit Putiphari causa Josephi:
But God favoured to Potiphar by cause of Joseph;
Omnia succedebant ei prosperè.
All things did succeed to him prosperously.

Ob quam rem Josephus habitus-est benigne ab
For which thing Joseph was had kindly by
hero, qui præfecit eum suæ domui.
master, who appointed him to his house.

Ergo Josephus administrabat familiarem rem
Therefore Joseph did administer the domestic affair
Putipharis: omnia fiebant ad nutum ejus, nec
of Potiphar: all things were done to the nod of him, nor
Putiphar gerebat curam ullius negotii.
Potiphar did carry on the care of any business.

XLV.

Josephus erat insigni et pulchrâ facie;
Joseph was with a remarkable and with beautiful face;

uxor Putipharis pelliciebat eum ad flagitium.
the wife of Potiphar did allure him to wickedness.

Autem Josephus nolebat assentiri improbæ
But Joseph was unwilling to assent to the wicked

mulieri.
woman.

Quadam díe mulíer apprehendit oram
On a certain day the woman seized the border

pallii ejus; at Josephus reliquit pallium in
oj the cloak of him; but Joseph left behind the cloak in

manibus ejus, et fugit.
the hands of her, and fled.

Mulier irata inclamavit servos, et accusavit
The woman angry called on servants, and accused

Josephum apud virum, qui nimium credulus conjecit
Joseph with husband, who too much credulous cast

Josephum in carcerem.
Joseph into prison.

XLVI.

Duo ministri Pharaonis regis erant in eodem
Two servants of Pharaoh king were in the same

carcere: alter præerat pincernis, alter pistoribus.
prison: the one was over to the butlers, the other to the bakers.

Somnium divinitùs obvenit utrique eadam nocte.
A dream divinely occurred to each on the same side

Ad quos quum Josephus venisset mane,
To whom when Joseph might have come in the morning,

et animadvertisset eos tristiores solito, interrogavit
and might have perceived them more sad than usual, he asked

quænam esset causa mœstitiæ?
what might be the cause of sadness?

Qui responderunt: somnium obvenit nobis, nec
Who answered: a dream occurred to us, nor

est quisquam qui interpretetur illud nobis.
is there any one who may interpret it to us.

Nonne est, inquit Josephus, Dei solius
Whether or not is it, says Joseph, of God alone

prænoscere futuras res? narrate mihi vestra
to foreknow future things? relate to me your

somnia.
dreams.

XLVII.

Tum prior sic exposuit suum somnium Josepho:
Then the former thus explained his dream to Joseph:

vidi in quiete vitem in qua erant tres
I saw in rest a vine in which were three

palmites: ea paulatim protulit gemmas; deinde
branches: it by degrees produced buds; afterwards

flores eruperunt, ac denique uvæ maturescebant.
flowers burst forth, and finally the grapes did grow ripe.

Ego exprimebam uvas in scyphum Pharaonis,
I did press out the grapes into the cup of Pharoah,

que porrigebam ei.
and did reach to him.

Esto bono animo, inquit Josephus: post tres
Be thou in good mind, says Joseph: after three

dies Pharao restituet te in pristinum gradum: rogo
days Pharaoh will restore thee into former degree: I ask

te ut memineris mei.
thee that thou mayest have remembered of me.

XLVIII.

Alter quoque narravit suum somnium Josepho:
The other also related his dream to Joseph:

Gestabam in capite tria canistra in quibus erant
I did carry on head three baskets in which were

cibi quos pistores solent conficere. Autem ecce!
foods which bakers are wont to make. But lo!

aves circumvolitabant, et comedebant illos cibos:
the birds did fly around, and did eat those foods:

cui Josephus: Hæc est interpretatio istius
to whom Joseph: This is the interpretation of that

somnii: tria canistra sunt tres dies, quibus
dream: the three baskets are three days, which

elapsis, Pharao feriet te securi,
having gone by, Pharaoh will strike thee with an axe,

et affiget ad palum, ubi aves pascentur
and will affix to a stake, where the birds shall be fed

tuâ carne.
with thy flesh.

XLIX.

Tertio, die qui erat natalis dies Pharaonis
On the third day which was the natal day of Pharaoh

splendidum convivium fuit parandum.
a splendid feast was to be prepared.

Tunc rex meminit suorum ministrorum qui
Then the king remembered of his servants who

erant in carcere.
were in the prison.

Restituit præfecto pincernarum suum munus, vero
He restored to the chief of the butlers his office, but

suspendit alterum percussum securi ad palum.
he suspended the other being struck with an axe to a stake.

Ita res comprobavit somnium
Thus the thing proved the dream.

Tamen præfectus pincernarum oblitus-est Josephi, nec
However the chief of the butlers forgot of Joseph, nor

recordatus-est meriti illius in se.
remembered of the merit of him towards himself.

L.

Post biennium rex ipse habuit somnium.
After two years the king himself had a dream.

Videbatur sibi adstare flumini Nilo; et
He did seem to himself to stand near to the river Nile; and

ecce! septem pingues vaccæ emergebant de flumine,
behold! seven fat cows did emerge from the river,

quæ pascebantur in palude. Deindè septem aliæ
which were fed in a marsh. Afterwards seven other

macilentæ vaccæ exierunt ex eodem flumine, quæ
lean cows went forth out of the same river, which

devorârunt priores.
devoured the former.

Pharao experrectus dormivit rursùm, et habuit
Pharaoh awakened slept again, and had

alterum somnium. Septem plenæ spicæ enascebantur
another dream. Seven full ears of corn did grow out

in uno culmo, que totidem aliæ exiles succrescebant,
in one stalk, and as many others slender did grow under,

et consumebant plenas spicas.
and did consume the full ears of corn.

LI.

Ubi dies illuxit, Pharao perturbatus, convocavit
When day shone, Pharaoh troubled, called together

omnes conjectores Ægypti, et narravit illis
all conjurors of Egypt, and related to them

somnium; at nemo poterat interpretari illud.
dream; but no man was able to interpret it.

Tunc præfectus pincernarum dixit Regi,
Then the chief of the butlers said to king,

confiteor meum peccatum: quum ego et præfectus
I confess my sin: when I and chief

pistorum essemus in carcere, uterque somniavimus
of bakers we might be in prison, each we dreamed

eadem nocte. Hebræus, puer erat ibi qui
in the same night. A Hebrew boy was there who

interpretatus-est somnia nobis sapienter: enim res
interpreted dreams to us wisely: for thing

comprobavit interpretationem.
proved interpretation.

LII.

Rex arcessivit Josephum, que narravit ei utrumque
King sent for Joseph, and related to him each

somnium: tum Josephus inquit Pharaoni, duplex
dream: then Joseph says to Pharaoh, double

somnium significat unam atque eandem rem. Septem
dream signifies one and same thing. Seven

pingues vaccæ et septem plenæ spicæ sunt
fat cows and seven full ears of corn are

septem anni ubertatis mox venturæ: vero septem
seven years of fertility soon about to come: but seven

macilentæ vaccæ et septem exiles spicæ sunt totidem
lean cows and seven slender ears of corn are as many

anni famis quæ est secutura ubertatem.
years of famine which is about to follow fertility.

Itaque rex præfice toti Ægypto sapientem
Therefore O king appoint to the whole Egypt a wise

et industrium virum qui recondat partem frugum
and industrious man who may hide up part of corns

in publicis horreis que servet diligenter in
in public granaries and may keep diligently into

subsidium famis secuturæ.
a supply of the famine about to follow.

LIII.

Consilium placuit Regi: quarè dixit Josepho:
Counsel pleased to king: wherefore he said to Joseph:

num est quisquam sapientior te in Ægypto?
whether is any one wiser than thou in Egypt?

nemo certè fungetur meliùs illo munere.
no man certainly will perform better with that office.

En trado tibi curam mei regni. Tunc
Behold I deliver to thee care of my kingdom. Then

detraxit è sua manu annulum, et inseruit
he drew off out of his hand a little ring, and inserted

digito Josephi, induit illum byssinâ
to finger of Joseph, he clothed him with a linen

veste, circumdedit aureum torquem collo
garment, he surrounded a golden chain to neck

que collocavit eum secundum in suo curru. Josephus
and he placed him second in his chariot. Joseph

natus-erat triginta annos quùm accepit summam
had been born thirty years when he received highest

potestatem à Rege.
power from King.

LIV.

Josephus perlustravit omnes regiones Ægypti et
Joseph surveyed all regions of Egypt and

congessit maximam copiam frumenti per
carried together the greatest plenty of corn through

septem annos ubertatis
seven years of fertility.

Inopia septem annorum secuta-est, et fames
A want of seven years followed, and famine

ingravescebat in universo orbe.
did grow grievous in the whole Globe.

Tunc Ægyptii, quos egestas premebat, adierunt
Then Egyptians, whom want did press went to

Regem, postulantes cibum.
King, asking foood.

Quos Pharao remittebat ad Josephum. Autem hic
Whom Pharaoh did send back to Joseph. But he

aperuit horrea, et vendidit frumenta Ægyptiis.
opened granaries, and sold corns to Ægyptians.

LV.

Conveniebatur ex aliis regionibus quoque ad
It was come together out of other regions also to

annonam emendam.
provision to be bought.

Jacobus, compulsus eâdem necessitate misit illuc
Jacob, compelled by the same necessity sent thither

suos filios.
his sons.

Itaque fratres Josephi profecti-sunt; sed
Therefore the brothers of Joseph departed; but

pater retinuit domi minimum natu qui vocabatur
father retained at home the least by birth who was called

Benjaminus.
Benjamin.

Enim timebat ne quid mali accideret
For he did fear lest any thing of evil should happen

ei in itinere.
to him in journey.

Benjaminus erat natus ex eâdem matre quâ
Benjamin was born out of same mother from whom

Josephus, que ideò erat longè carior ei
Joseph, and on that account was by far dearer to him

quàm cæteri fratres.
than the other brothers.

LVI.

Decem fratres, ubi venerunt in conspectum
The ten brothers, when they came into sight

Josephi, proni venerati-sunt eum.
of Joseph, prostrate worshipped him.

Josephus agnovit eos, nec ipse cognitus-est ab eis.
Joseph knew them, nor he himself was known by them.

Noluít indicare statim quis esset,
He was unwilling to indicate immediately who he might be,

sed interrogavit eos tanquam alienos: unde
but he interrogated them as if strangers: whence

venistis, et quo consilio?
have you come, and with what design?

Qui responderunt: profecti-sumus è regione
Who answered: we have departed out of region

Canaan, ut emamus frumentum. Est non ità,
Canaan, that we may buy corn. It is not thus,

inquit Josephus: sed venistis hùc hostili
says Joseph: but you have come hither with a hostile

animo: vultis explorare nostras urbes et loca
mind: you wish to explore our cities and places

Ægypti parùm munita. At illi inquiunt: minimè,
of Egypt little fortified. But they say: by no means,

meditamur nihil mali; sumus duodecim fratres:
we meditate nothing of evil; we are twelve brothers:

minimus retentus-est domi à patre; verò
the last has been retained at home by father; but

alius superest non.
the other survives not.

LVII.

Illud angebat Josephum, quòd Benjaminus aderat
That did vex Joseph, because Benjamin was present

non cum cæteris
not with the others.

Quarè dixit eis, experiar an
Wherefore he said to them, I will try whether

dixeritis verum: unus ex vobis maneat
you may have said true thing: one out of you may remain

obses apud me dum vester minimus frater adducatur
hostage with me while your least brother may be led

hùc, cæteri abite cum frumento. Tunc cœperunt
hither, the rest go away with corn. Then they began

dicere inter se, patimur hæc meritò;
to say among themselves, we suffer these things deservedly;

fuimus crudeles in nostrum fratrem; nunc
we have been cruel against our brother; now

luimus pœnam hujus sceleris.
we pay the penalty of this crime

Putabant hæc verba non intelligi àh
They did think these words not to be understood by
Josepho, quia loquebatur cum eis per
Joseph, because he did speak with them through
interpretem Autem ipse avertit se parumper
interpreter. But he turned away himself a little while
et flevit
and wept.

LVIII.

Josephus jussit saccos fratrum impleri
Joseph commanded bags of brothers to be filled
tritico, et pecuniam quam attulerant
with wheat, and money which they had brought
reponi in ore saccorum; addidit insuper
to be replaced in mouth of bags; he added moreover
cibaria in viam.
provisions into way.

Deindè dimisit eos, præter Simeonem, quem
Afterwards he sent away them, except Simeon, whom
retinuit obsidem.
he retained hostage.

Itaque fratres Josephi profecti-sunt, et quùm
Therefore brothers of Joseph departed, and when
venissent ad patrem narraverunt ei
they might have come to father they related to him
omnia quæ acciderant sibi. Quùm
all things which had happened to them. When
aperuissent saccos, ut effunderent
they might have opened bags, that they might pour out
frumenta, mirantes repererunt pecuniam.
corns, wondering they found money.

LIX.

Ut Jacobus audivit Benjaminum arcessi à
When Jacob heard Benjamin to be sent for by
præfecto Egypti questus-est gemitu. Fecistis
governor of Egypt he complained with a groan. You have made
me orbum liberis: Josephus mortuus-est; vultis
me deprived of children: Joseph has died; ye wish
abducere Benjaminum.
to lead away Benjamin.

Omnia hæc mala recidunt in me; dimittam
All these evils fall back upon me; I will send away

non Benjamnium: nam si quid adversi
not Benjamin: for if any thing of adverse

acciderit in viâ potero non vivere
shall have happened in way I shall be able not to live

superstes ei, sed moriar oppressus dolore
survivor to him, but I shall die oppressed with grief.

LX.

Postquàm cibi quos attulerant
After that the foods which they had brought

consumpti-sunt Jacobus dixit suis filiis: proficisamini
were consumed Jacob said to his sons: you may depart

iterùm in Ægyptum ut ematis cibos.
again into Egypt that you may buy foods.

Qui responderunt: possumus not adire præfectum
Who answered: we are able not to go to governor

Ægypti sine Benjamino: enim ipse jussit
of Egypt without Benjamin: for he himself commanded

illum adduci ad se.
him to be led to him.

Cur, inquit pater, fecistis mentionem de
Why, says father, made you mention concerning

vestro minimo fratre.
your least brother.

Inquiunt, ipse interrogavit nos an pater
They say, he himself asked us whether father

viveret, an haberemus alium fratrem.
might live, whether we might have another brother.

Respondimus ad ea quæ sciscitabatur:
We answered to those things which he did inquire:

potuimus non præscire eum esse dicturum:
we were able not to foreknow him to be about to say:

adducite hùc vestrum fratrem.
lead to hither your brother.

LXI.

Tunc Juda unus è filiis Jacobi dixit patri:
Then Judah one out of sons of Jacob said to father:

committe puerum mihi: ego recipio illum in meam
commit the boy to me: I receive him into my

fidem; ego servabo, ego reducam illum ad te;
faith; I will keep, I will lead back him to thee;

nisi fecero, culpa hujus rei
unless I shall have done, the fault of this thing

residebit in me: si voluisses
shall reside upon me: if thou mightest have willed

dimittere eum statim rediissemus
to send away him immediately we might have returned

huc jam secundò. Tandem pater victus
hither already secondly. At length father conquered

annuit: quoniam est necesse, inquit, Benjaminus
assented: since it is necessary, says he, Benjamin

proficiscatur vobiscum, deferte viro munera et
may depart with you, bear away to man presents and

duplex pretium, ne forte factum-sit
double price, lest by chance it have been done

errore ut prior pecunia redderetur vobis.
by error that former money should be returned to you.

LXII.

Nunciatum-est Josepho eosdem viros advenisse,
It was announced to Joseph the same men to have come to,

et cum eis parvulum fratrem.
and with them the very little brother.

Josephus jussit eos introduci domum, et
Joseph commanded them to be led within house, and

lautum convivium parari.
a splendid banquet to be prepared.

Illi porrò metuebant ne arguerentur
They moreover did fear lest they should be accused

de pecunia quam repererant in saccis,
concerning money which they had found in bags,

quarè purgaverunt se apud dispensatorem
wherefore they cleared themselves at steward

Josephi.
of Joseph.

Inquiunt, venimus huc jam semel:
They say, we have come hither already once:

reversi domum invenimus pretium frumenti in
having returned home we found price of corn in

saccis: nescimus quonam casu id factum-fuerit;
bags: we know not by what chance it may have been done;

sed reportavimus eandum pecuniam. Quibus
but we have carried back same money. To whom

dispensator ait: estote bono animo. Deinde adduxit
steward says: be ye in good mind. Afterwards he led to

ad illos Simeonem, qui retentus-fuerat.
to them Simeon, who had been retained.

LXIII.

Deindè Josephus ingressus-est in conclave ubi
Afterwards Joseph entered into chamber where

sui fratres expectabant eum, qui venerati-sunt eum,
his brothers did expect him, who adored him,

offerentes munera.
offering presents.

Josephus salutavit eos clementer, que interrogavit:
Joseph saluted them kindly, and interrogated:

ne est salvus ille senex quem vos habetis
whether is safe that old man whom you have

patrem? vivitne adhuc? Qui responderunt: noster pater
father? lives he as yet? Who answered: our father

est salvus; vivit adhuc.
is safe; he lives as yet.

Autem Josephus, oculis conjectis in Benjaminum,
But Joseph, eyes being cast upon Benjamin,

dixit: est iste vester minimus frater qui remanserat
said: is that your least brother who had remained

domi apud patrem? Et rursus: Deus sit propitius
at home at father? And again: God may be propitious

tibi, mi fili; et abiit festinans, quia
to thee, O my son; and he went away hastening, because

commotus-erat animo et lacrymæ erumpebant.
he had been moved in mind and tears did break forth.

LXIV.

Josephus, facie lotâ, regressus continuit
Joseph, face being washed, having gone back contained

se et jussit cibos apponi.
himself and conmanded foods to be placed to.

Tum distribuit escam unicuique suorum fratrum;
Then he distributed food to each one of his brothers;

sed pars Benjamini erat quintuplò major quàm
but the part of Benjamin was by fivefold greater than

cæterorum: convivio peracto Josephus dat negotium
of others: repast being finished Joseph gives business

dispensatori, ut impleat saccos eorum frumento,
to steward, that he may fill bags of them with corn,

reponat simul pecuniam, et insuper
he may replace at the same time money, and moreover

recondat suum argenteum scyphum in sacco
he may hide his silver cup in bag

Benjamini.
of Benjamin.

Ille fecit diligentèr quod jussus fuerat.
He did diligently what he had been commanded.

LXV.

Fratres Josephi dederant sese in viam,
Brothers of Joseph had given themselves into way,

aberant necdum procul ab urbe.
they were distant not yet afar from city.

Tunc Josephus vocavit dispensatorem suæ domûs,
Then Joseph called steward of his house,

que dixit ei: persequere viros, et quum
and said to him: pursue men, and when

assecutus-fueris eos, dicito illis: quare
thou shalt have reached them, say to them: wherefore

rependistis injuriam pro beneficio?
have you repaid injury for benefit?

Subripuistis argenteum scyphum quo meus
You have stolen silver cup with which my

Dominus utitur: fecistis improbè.
Lord uses: you have done dishonestly.

Dispensator perfecit mandata Josephi; advolavit
The steward performed commands of Joseph; he flew to

ad eos confestim exprobavit furtum; exposuit
to them immediately reproached theft; he exposed

indignitatem rei.
the unworthiness of thing.

LXVI.

Fratres Josephi responderunt dispensatori; istud
Brothers of Joseph answered to the steward; that

sceleris est longè alienum à nobis: nos ut
of crime is by far foreign from us: we as

tute scis, retulimus bonâ fide
thou thyself knowest, brought back in good faith

pecuniam repertam in saccis: tantum abest ut
money found in bags: so much is absent that

furati-simus scyphum tui Domini, apud quem
we may have stolen cup of thy Lord, with whom

deprehensum-fuerit, is mulctetur morte.
it shall have been apprehended, he may be punished with death.

Continuò deponunt saccos et aperiunt; quos
Immediately they place down bags and they open; which

ille scrutatus, invenit scyphum in sacco Benjamini.
he having searched, found cup in bag of Benjamin.

LXVII.

Tunc fratres Josephi oppressi mœrore revertuntur
Then brothers of Joseph oppressed with grief return

in urbem.
into city.

Adducti ad Josephum, abjecerunt sese ad pedes
Being led to Joseph, they threw themselves to feet

illius: quibus ille inquit: quomodò
of him: to whom he says: in what manner

potuistis admittere hoc scelus?
have you been able to admit this crime?

Judas respondit: fateor res est manifesta,
Judas answered: I confess the thing is manifest,

possumus afferre nullam excusationem nec audemus
we are able to bring no excuse nor dare we

petere aut sperare veniam: nos omnes erimus tui
to seek or to hope pardon: we all will be thy

servi.
servants.

Nequaquam, ait Josephus; sed ille, apud quem
By no means, says Joseph: but he, with whom

scyphus inventus-est, erit servus mihi, autem
cup hast been found, shall be servant to me, but

vos abite liberi ad vestrum patrem.
you go away free to your father

LXVIII.

Tunc Juda accedens propius ad Josephum: oro
Then Judah approaching nearer to Joseph: I pray

te, inquit, mi Domine, ut audias me
thee, he says, O my Lord, that thou mayest hear me

cum bonâ veniâ; pater diligit puerum unice:
with good pardon; father loves boy solely;

nolebat primò dimittere eum: potui non
he was unwilling at first to dismiss him: I was able not

impetrare id ab eo nisi postquàm spopondi eum
to obtain it from him unless after that I promised him

fore tutum ab omni periculo: si
to be about to be safe from every danger: if

redierimus ad patrem sine puero, ille
we shall have returned to father without boy, he

confectus mœrore morietur. Oro te atque obsecro
finished with grief will die. I pray thee and I beseech

ut sinas puerum abire, que
that thou mayest suffer boy to depart, and

addieas me pro eo in servitutem: ego
thou mayest adjudge me for him in servitude: I

sumo mihi pœnam, quâ est dignus, et
take to me penalty, with which he is worthy, and

exsolvam.
I will pay out.

LXIX.

Interea Josephus poterat vix continere
In the mean time Joseph was able scarcely to contain

se, quarè jussit Ægyptios adstantes
himself, wherefore he commanded Egyptians standing by

recedere.
to withdraw.

Tum flens, dixit magnâ voce: ego sum
Then weeping, he said with a great voice: I am

Josephus: ne vivit adhuc meus pater?
Joseph: whether lives yet my father?

Fratres ejus poterant non respondere, perturbati
Brothers of him were able not to answer, being troubled

nimio timore.
by too much fear.

Quibus ille inquit amicè; accedite ad me: ego
To whom he says friendly; approach to me: I

sum Josephus vester frater, quem vendidistis mercatoribus
am Joseph your brother, whom you sold to merchants

euntibus in Ægyptum; nolite timere; id factum-est
going into Egypt; be unwilling to fear; it has been done

providentiâ Dei, ut consulerem vestræ
by the providence of God, that I might consult to your

saluti.
safety.

LXX.

Josephus locutus hæc complexus-est suum
Joseph having spoken these things *embraced his*

fratrem Benjaminum, que conspersit eum lacrymis.
brother Benjamin, and sprinkled him with tears.

Deinde osculatus-est quoque cæteros fratres,
Afterwards he kissed also other brothers,

collacrymans. Tum demum illi locuti-sunt cum
weeping with them. *Then at length they spoke with*

illo fidentèr. Quibus Josephus inquit, properate ad
him confidently. To whom Joseph says, hasten to

meum patrem, que nunciate illi suum filium vivere,
my father, and announce to him his son to live,

et posse plurimum apud Pharaonem: persuadete
and to be able very much with Pharaoh: persuade

illi ut commigret in Ægyptum cum omni
to him that he may migrate into Egypt with all

familia.
family

LXXI.

Fama de adventu fratrum Josephi pervenit ad
Fame concerning arrival of brothers of Joseph arrived at

aures regis; qui dedit eis munera perferenda ad
ears of king; who gave to them presents to be borne to

patrem cum his mandatis: adducite huc vestrum
father with these commands: bring to hither your

patrem et omnem familiam ejus, nec curate multum
father and all family of him, nor care much

vestram supellectilem, quia omnia, quæ erunt
your furniture, because all things *which shall be*

opus vobis sum præbiturus, et omnes opes
needful to you I am about to afford, and all riches

Ægypti erunt vestræ.
of Egypt shall be yours.

Misit quoque currus ad senem vehendum
He sent also chariots to the old man to be carried

et parvulos et mulieres.
and the very little ones and women.

LXXII.

Fratres Josephi festinantes reversi-sunt ad suum
Brothers of Joseph hastening returned to their

patrem, que nunciaverunt ei Josephum vivere, et
father, and announced to him Joseph to live, and

esse principem totius Ægypti.
to be chief of all Egypt.

Ad quem nuncium Jacobus excitatus, quasi e gravi
To which message Jacob roused, as if out of heavy

somno, obstupuit, nec primùm adhibebat fidem filiis
sleep, wondered, nor at first he did afford faith to sons

narrantibus; sed postquàm vidit plaustra et dona
relating; but after that he saw waggons and gifts

missa sibi à Josepho recepit animum, et inquit,
sent to him by Joseph he took again spirit, and he says,

est satis, meus Josephus vivit adhùc: ibo et
it is enough, my Joseph lives yet: I will go and

videbo eum antequàm moriar.
will see him before that I may die.

LXXIII.

Jacobus profectus cum filiis et nepotibus,
Jacob having departed with sons and grand sons,

pervenit in Ægyptum et præmisit Judam ad
arrived into Egypt and sent before Juda to

Josephum ut faceret eum certiorem de
Joseph, that he might make him more certain concerning

suo adventu.
his approach.

Confestim Josephus processit obviàm patri, quem
Immediately Joseph proceeded towards to father, whom

ut vidit insiliit in collum ejus, et
when he saw he leaped upon upon neck of him, and

flens complexus-est flentem. Tum Jacobus inquit,
weeping he embraced him weeping. Then Jacob says,

vixi diù satis, nunc moriar
I have lived a long time enough, now I shall die

æquo animo, quoniam licuit mihi
with equal mind, since it has been allowed to me

frui tuo conspectu, et relinquo te superstitem
to enjoy with thy sight, and I leave thee survivor

mihi.
to me.

LXXIV.

Josephus adiit Pharaonem, que nunciavit ei
Joseph went to Pharaoh, and announced to him

suum patrem advenisse: constituit etiam quinque
his father to have arrived: he placed also five

e suis fratribus coràm Rege.
out of his brothers before King.

Qui interrogavit eos quidnam operis haberent?
Who interrogated them what of work they might have?

illi responderunt se esse pastores.
they answered themselves to be shepherds.

Tum Rex dixit Josepho, Ægyptus est in tuâ
Then King said to Joseph, Egypt is in thy

potestate, cura ut pater et fratres habitent
power, take care that father and brothers may inhabit

in optimo loco, et si qui inter eos sint
in best place, and if any among them may be

gnavi et industrii, trade eis curam meorum
active and industrious, deliver to them care of my

pecorum.
cattle.

LXXV.

Josephus adduxit quoque suum patrem ad Pharaonem,
Joseph brought also his father to Pharaoh,

qui salutatus à Jacobo, percontatus-est ab eo
who being saluted by Jacob, inquired from him

quâ ætate esset?
with what age he might be?

Jacobus respondit Regi: vixi centum et
Jacob answered to King: I have lived hundred and

triginta annos, nec adeptus-sum beatam senectutem
thirty years, nor have attained blessed old age
meorum avorum: tum precatus benè Regi
of my grandfathers: then having prayed well to King
discessit ab eo.
he departed from him.

Autem Josephus collocavit patrem et suos fratres
But Joseph placed father and his brothers
in optimâ parte Ægypti, que suppeditavit eis
in best part of Egypt, and he supplied to them
abundantiam omnium rerum.
abundance of all things.

LXXVI.

Jacobus vixit septem et decem annos, postquàm
Jacob lived seven and ten years, after that
commigrâsset in Ægyptum.
he might have migrated into Egypt.

Ubi sensit mortem imminere sibi, Josepho
When he felt death to impend to him, Joseph
arcessito, dixit: si amas me, jura te
being sent for, he said: if thou lovest me, swear thee
esse facturum quod petam à te, scilicet,
to be about to do what I may ask from thee, namely,
ut sepelias me ne in Ægypto. Sed
that thou mayest bury me not in Egypt. But
transferas meum corpus ex hâc regione,
thou mayest transfer my body out of this region,
et condas in sepulchro meorum majorum.
and thou mayest hide in sepulchre of my ancestors.
Autem Josephus inquit; faciam quod jubes,
But Joseph says: I will do what thou orderest,
pater. Jura ergò mihi, ait Jacobus, te esse
O father. Swear therefore to me, says Jacob, thee to be
facturum id certò.
about to do it certainly.

Josephus juravit in verba patris.
Joseph swore into words of father.

LXXVII.

Josephus adduxit ad patrem suos duos filios, Manassem
Joseph brought to father his two sons, Manaaseh

et Ephraimum: posuit Manassem, qui erat major
and Ephraim: he placed Manasseh, who was greater

natu, ad dextram senis, vero Ephraimum
by birth, to right hand *of the old man, but Ephraim*

minorem ad sinistram ejus.
the less to left of him.

At Jacobus decussans manus imposuit Ephraimo
But Jacob crossing hands placed upon to Ephraim

dextram, autem Manassi sinistram et precatus-est
right, but to Manasseh left and he prayed

benè utrique simul.
well to each at the same time.

Quod Josephus animadvertens tulit ægrè, et
Which Joseph perceiving bore ill, and

conatus-est commutare manus patris.
he endeavoured to change hands of father.

At pater restitit, que dixit Josepho: scio,
But father resisted, and said to Joseph: I know,

mi fili: scio hunc esse majorem natu et
O my son: I know this to be greater by birth and

illum minorem: feci id prudens.
that the less: I have done it prudent.

Ità anteposuit Ephraimum Manassi.
Thus he placed before Ephraim to Manasseh.

LXXVIII.

Ut Josephus vidit patrem extinctum, flens
When Joseph saw father extinct, weeping

ruit super eum et osculatus-est eum, que
he rushed upon him and he kissed him, and

luxit illum diù. Deindè præcepit
he mourned him a long time. Afterwards he ordered

medicis ut condirent corpus, et ipse
to physicians that they might embalm body, and he himself

cum fratribus que multis Ægyptiis deportavit patrem
with brothers and many Egyptians carried away father

in regionem Chanaan.
into region Canaan.

Ibi fecerunt funus cum magno planctu, et
There they made funeral with great wailing, and

sepeliêrunt corpus in speluncâ, ubi Abrahamus et
they buried body in a cave, where Abraham and

Isaacus jacebant, que reversi-sunt in Ægyptum.
Isaac did lie, and they returned into Egypt.

LXXIX.

Post mortem patris, fratres Josephi timebant
After death of father, brothers of Joseph did fear

ne ulcisceretur injuriam quam acceperat:
least he would revenge injury which he had received:

igitur miserunt ad illum rogantes in nomine
therefore they sent to him asking in name

patris, ut oblivisceretur eam que condonaret
of father, that he would forget it and he would forgive

sibi.
to them.

Quibus Josephus respondit: est non quod
To whom Joseph answered: there is not what

timeatis; vos quidem fecistis in me
you may fear; you indeed have done towards me

malo animo, sed Deus vertit illud in
with an evil mind, but God has turned that into

bonum: ego alam vos et vestras familias;
good: I will nourish you and your families;

consolatus-est eos plurimis verbis et locutus est
he consoled them with most words and he spoke

leniter cum illis.
gently with them.

LXXX.

Josephus vixit centum et decem annos, que cum
Joseph lived hundred and ten years, and when

esset proximus morti, convocavit suos
he might be nearest to death, he called together his

fratres, et admonuit se esse brevi
brothers, and admonished himself to be in a short time

moriturum.
about to die.

Ego, inquit, jam morior: Deus deseret vos non
I, says he, now die: God will desert you not

sed erit vobis præsidio et deducet vos
but shall be to you to safeguard and shall lead away you

aliquandò ex Ægypto in regionem quam promisit
some time out of Egypt into region which he promised

nostris patribus: oro vos atque obtestor ut
to our fathers: I pray you and I beseech that

deportetis illùc mea ossa.
you may carry away thither my bones.

Deinde obiit placide: corpus ejus positum in
Afterwards he died quietly: body of him placed in

feretro conditum-est.
a bier was hidden.

LXXXI.

Intereà posteri Jacobi, seu Hebræi,
In the mean time descendants of Jacob, or Hebrews,

aucti-sunt in mirum modum, et multitudo
were increased into wonderful manner, and multitude

eorum crescens in dies incutiebat metum
of them growing into days (daily) did strike fear

Ægyptiis.
the Egyptians.

Novus Rex potitus-est solio qui viderat,
New King enjoyed with the throne who had seen

non Josephum nec recordabatur merita ejus.
not Joseph nor did remember merits of him.

Is, igitur, ut opprimeret Hebræos, primùm
He, therefore, that he might oppress Hebrews, first

conficiebat illos duris laboribus: deinde
did finish them with hard labours: afterwards

edixit etiam ut parvuli eorum
he proclaimed also that the very littte ones of them

recens nati projicerentur in flumen.
lately born should be cast forth into river.

LXXXII.

Hebræa mulier peperit filium, quem quum
Hebrew woman brought forth son, whom when

videret elegantem voluit servare.
she might see elegant she wished to keep.

Quare abscondit eum tribus mensibus, sed quum
Wherefore she hid him three months, but when

posset non occultare eum diutiùs sumpsit
she might be able not to secrete him longer she took

scirpeam **fiscellam,** **quam** **linivit** **bitumine** **ac**
a bulrush *basket,* *which* *she daubed* *with bitumen* *and*

pice
with pitch.

Deinde **posuit** **intùs** **infantulum,** **et**
Afterwards *she placed* *within* *the little infant,* *and*

exposuit **eum** **inter** **arundines** **ripæ** **fluminis.**
she exposed *him* *among* *reeds* *of the bank* *of river.*

Habebat **secum** **unam** **comitem** **sororem** **pueri**
She did have *with her* *one* *companion* *sister* *of boy*

quam **jussit** **stare** **procul,** **ut**
whom *she ordered* *to stand* *at a distance,* *that*

exploraret **eventum** **rei.**
she might explore *the event* *of thing.*

LXXIII.

Mox **filia** **Pharaonis** **venit** **ad** **flumen,** **ut**
Soon *daughter* *of Pharaoh* *came* *to* *river,* *that*

ablueret **corpus.** **Prospexit** **fiscellam** **hærentem** **in**
she might wash *body.* *She beheld* *the basket* *sticking* *in*

arundinibus, **que** **misit** **illùc** **unam** **e** **suis**
reeds, *and* *sent* *thither* *one* *out of* *her*

famulabus, **Fiscellâ** **apertâ,** **cernens**
maid-servants. *Basket* *being opened,* *discerning*

parvulum **vagientem,** **miserta-est** **illius:** **iste** **est,**
very little one *crying,* *she pitied* *of him:* *that* *is,*

inquit, **unus** **ex** **infantibus** **Hebræorum.** **Tunc** **soror**
she says, *one* *out of* *infants* *of Hebrews.* *Then* *sister*

pueri **accedens:** **vis-ne,** **ait,** **ut** **arcessam**
of boy *approaching:* *wilt thou,* *she says,* *that* *I may send for*

Hebræam **mulierem,** **quæ** **nutriat** **parvulum,** **et**
a Hebrew *woman,* *who* *may nourish* *very little one,* *and*

vocavit **matrem.**
she called *mother.*

Cui **filia** **Pharaonis** **dedit** **puerum** **alendum,**
To whom *daughter of* *Pharaoh* *gave* *boy* *to be nourished,*

mercede **promissa.**
reward *being promised.*

Itaque **mater** **nutrivit** **puerum,** **et** **reddidit**
Therefore *mother* *nourished* *boy,* *and* *restored*

adultum **filiæ** **Pharaonis,** **quæ** **adoptavit** **illum**
grown up *to daughter* *of Pharaoh,* *who* *adopted* *him*

et **nominavit** **Mosem;** **id** **est,** **servatum** **ab** **aquis.**
and *named* *Moses;* *it* *is,* *kept* *from* *waters.*

LXXXIV.

Moses **jam** **senex,** **Deo** **jubente,** **adiit** **Pharaonem,**
Moses *already* *old,* *God* *ordering,* *went to* *Pharaoh,*

que **præcepit** **ei** **nomine** **Dei,** **ut** **dimitteret**
and *ordered* *to him* *in name* *of God,* *that* *he would dismiss*

Hebræos
Hebrews.

Impius **Rex** **renuit** **parere** **mandatis** **Dei.**
Impious *King* *refused* *to obey* *to the commands* *of God.*

Moses, **ut** **vinceret** **pertinaciam** **Pharaonis,**
Moses, *that* *he might conquer* *obstinacy* *of* *Pharaoh,*

edidit **multa** **et** **stupenda** **prodigia,** **quæ**
brought forth *many* *and* *stupendous* *prodigies,* *which*

vocantur **plagæ** **Ægypti.**
are called *plagues* *of Egypt.*

Quùm **nihilominus** **Pharao** **perstaret** **in** **sententîa,**
When *nevertheless* *Pharaoh* *would persist* *in* *opinion,*

Deus **interfecit** **primogenitum** **filium** **ejus** **et** **omnes**
God *slew* *first-born* *son* *of him* *and* *all*

primogenitos **Ægyptiorum.**
first-borns *of Egyptians.*

Tandem **victus** **metu,** **rex** **paruit,** **que** **dedit**
At length *conquered* *by fear,* *king* *obeyed,* *and* *gave*

Hebræis **facultatem** **discedendi.**
to Hebrews *power* *of departing.*

LXXXV.

Hebræi **profecti-sunt** **ex** **Ægypto** **ad** **sexcenta**
Hebrews *departed* *out of* *Egypt* *to* *six hundred*

millia **virorum,** **præter** **parvulos** **et**
thousands *of men,* *besides* *very little ones* *and*

promiscuum **vulgus.** **Columna** **nubis** **præibat**
promiscuous *rabble.* *A column* *of cloud* *did go before*

illis **egredientibus** **interdiù,** **et** **columna** **ignis**
to them *going out* *in the day time,* *and* *a column* *of fire*

noctu, **quæ** **esset** **dux** **viæ;** **nec** **unquàm**
by night, *which* *might be* *leader* *of way;* *nor* *ever*

per quadraginta annos illa columna defuit. Post
through forty years that column was away. After

paucos dies multitudo Hebræorum pervenit ad littus
few days, multitude of Hebrews arrived to shore

rubri maris, que ibi posuit castra.
of red sea, and there it placed camps.

LXXXVI.

Brevi pœnituit regem quod dimisisset
In short time it repented king that he might have dismissed

tot millia hominum, et ingenti exercitu
so many thousands of men, and a large army

collecto persecutus-est eos.
being collected he pursued them.

Hebræi, quum vidissent se esse
Hebrews, when they might have seen themselves to be

interclusos ex una parte mari, ex altera parte
shut up out of one part by sea, out of other part

Pharaonem instare cum omnibus copiis,
Pharaoh to urge on with all forces,

correpti-sunt magno timore.
they were seized with great fear.

Tunc Deus inquit Mosi: protende tuam dexteram
Then God says to Moses: stretch forth thy right hand

in mare et divide aquas, ut illæ præbeant
upon sea and divide waters, that they may afford

siccum iter Hebræis gradientibus.
dry journey to Hebrews going.

LXXXVII.

Moses fecit quod Deus jusserat: quum
Moses did what God had commanded: when

teneret manum extensam super mare, aquæ
he might hold hand extended upon sea, waters

divisæ-sunt et intumescentes hinc et indè
were divided and swelling hence and thence

pendebant. Etiam vehemens ventus flavit quo
they did hang. Also vehement wind blew by which

alveus exsiccatus-est.
channel was dried up.

Tunc Hebræi ingressi-sunt siccum mare, enim aqua
Then Hebrews entered into dry sea, for water

erat tanquam murus à dextra et læva
was as if wall from right hand *and left* hand

eorum.
of them.

Quoque Ægyptius Rex insecutus Hebræos
Also Egyptian King having pursued Hebrews

gradientes dubitavit non ingredi cum universo
going doubted not to enter with whole

exercitu qua mare patebat.
army where sea did lie open.

LXXXVIII.

Quum Ægyptii progrederentur in medio mari,
When Egyptians might proceed in middle sea,

Dominus subvertit currus eorum et dejecit
Lord overturned chariots of them and cast down

equites.
horsemen.

Ægyptii perculsi metu cœperunt fugere: at
Egyptians struck with fear began to flee: but

Deus dixit Mosi; extende rursus dextram in
God said to Moses; extend again right hand *upon*

mare, ut aquæ revertantur in suum locum. Moses
sea, that waters may return into their place. Moses

paruit, et statim aquæ refluentes obruerunt
obeyed, and immediately waters flowing back overwhelmed

Ægyptios, et currus et equites eorum.
Egyptians, and chariots and horsemen of them.

Universus exercitus Pharaonis deletus-est in
Whole army of Pharoah was destroyed in

mediis fluctibus, nec quidem unus nuncius tantæ
middle waves, nor indeed one messenger of so great

cladis superfuit.
defeat remained.

LXXXIX.

Rubro mari trajecto, Hebræi diu
Red sea being *passed over, Hebrews for a long time*

peragraverunt vastam solitudinem.
traversed vast solitude.

Panis deerat; at Deus ipse aluit eos,
Bread was wanting; but God himself nourished them,

Per quadraginta annos cibus cecidit è cælo,
Through forty years food fell out of heaven,
quem appellaverunt manna. Gustus similæ mixtæ
which they called manna. Taste of fine flour mixed
cum melle inerat huic cibo.
with honey was in to this food.

Interdum etiam aqua defuit, at, Deo
Sometimes also water was wanting, but, God
jubente, Moses percutiebat rupem virga, et
commanding, Moses did strike rock with rod, and
continuò fontes dulcis aquæ erumpebant,
immediately fountains of sweet water did burst forth.

XC.

Tertio mense postquam Hebræi egressi-sunt ex
In third month after that Hebrews went out out of
Ægypto pervenerunt ad montem Sinæ.
Egypt they arrived to mountain of Sinai.

Ibi Deus dedit eis legem cum terrifico
There God gave to them law with terrific
apparatu. Tonitrua cœperunt exaudiri, fulgura
preparation. Thunders began to be heard, lightnings
micare: densa nubes operiebat montem, et clangor
to shine: thick cloud did cover mountain, and noise
buccinæ perstrepebat vehementiùs.
of trumpet did resound more violently.

Populus stabat trepidus præ metu ad radices
People did stand trembling for fear to roots
fumantis montis, autem Deus loquebatur in
of smoking mountain, but God did speak in
monte è mediâ nube inter fulgura et
mountain out of middle cloud among lightnings and
tonitrua.
thunders.

Hæc porrò sunt verba quæ Deus protulit;
These moreover are words which God produced;
ego sum Dominus qui eduxî vos è servitute
I am the Lord who led out you out of servitude
Ægyptiorum; alieni Dii erunt non vobis; ego
of Egyptians; foreign Gods shall be not to you; I
unus Deus, et alius est non præter me.
one God, and other is not besides me.

Usurpabitis non nomen vestri Dei temere et
You shall usurp not name of your God rashly and
sine causâ.
without cause.

Facietis nullum opus sabbato: colite vestrum
You shall do no work in Sabbath: respect your
patrem et matrem: occidetis non,
father and mother: you shall kill not,
adulterabitis non.
you shall commit adultery not.

Facietis non furtum: dicetis non falsum
You shall do not theft: you shall say not false
testimonium adversus vestrum proximum: concupiscetis
testimony against your nearest: you shall covet
non rem alterius.
not thing of another.

XCI.

Moses, admonitus a Deo, jussit tabernaculum
Moses, admonished by God, commanded tent
confici ex pellibus et pretiosissimis cortinis,
to be made out of skins and most precious curtains,
insuper arcam fœderis vestitam puro auro, in
moreover ark of covenant clothed with pure gold, in
qua reposuit tabulas divinæ legis.
which he placed again tables of divine law.

Quum jam haberet in conspectu terram
When now he might have in sight land
promissam à Deo, vir planè admirabilis sapientia
promised by God, man evidently admirable by wisdom
et cæteris virtutibus mortuus-est.
and by other virtues died.

Populus luxit eum triginta diebus.
People mourned him thirty days.

Josue successit in locum Mosis quem ipse
Joshua succeeded into place of Moses whom he himself
designaverat priùs.
had designated before.

XCII.

Ut Hebræi introducerentur in promissam
That Hebrews might be introduced into promised

terram, Jordanis erat trajiciendus, nec copia navium
land, Jordan was to be crossed, nor plenty of ships

erat iis, nec amnis fluens tunc pleno alveo
was to them, nor river flowing then with full channel

præbebat vadum.
did afford ford.

Deus venit eis auxilio: Josue jussit arcam
God came to them to help: Joshua commanded ark

fœderis præferri et populum sequi; arca
of covenant to be carried before and people to follow; ark

appropinquante, aquæ, quæ defluebant supernè,
approaching, waters, which did flow down from above,

steterunt instar muri, autem quæ infrà,
stood in the manner of wall, but which below.

descenderunt, et reliquerunt siccum alveum.
came down, and left dry channel.

XCIII.

Hebræi incedebant per arentem alveum donec
Hebrews did go on through dry channel until

attingerent ripam oppositam. Tum aquæ
they might reach bank placed against Then waters

reversæ-sunt in pristinum locum. Vero Josue erexit
returned into former place. But Joshua erected

duodecim lapides sublatos è medio amne, ut
twelve stones taken up out of middle river, that

essent perenne monumentum rei.
they might be everlasting monument of thing.

Dixit Hebræis: si quandò vestri filii
He said to Hebrews: if at any time your sons

interrogaverint vos quorsùm ista congeries
shall have interrogated you whither that heap

lapidum spectet? respondebitis, trajecimus istum
of stones may look? you shall answer, we crossed that

Jordanem sicco pede: idcircò lapides positi-sunt
Jordan with dry foot: on that account stones were placed

ad sempiternam memoriam facti, ut discant
to everlasting memory of deed, that they may learn

quanta potentia Dei sit.
how great power of God may be.

XCIV.

Urbs munita validissimis muris ac turribus,
A city fortified with most strong walls and with towers,

uomine Jericho, erat in his locis, quæ poterat
by name Jericho, was in these places, which was able

nec expugnari nec obsideri facilè.
neither to be reduced nor to be besieged easily.

Josue fretus divino auxilio, aggressus-est urbem non
Joshua relying on divine help, attacked city not

armis aut viribus. Jussit arcam
with arms or with strengths. He commanded ark

circumferri muros, que sacerdotes antecedere, et
to be carried around walls, aud priests to go before, and

canere tuba: quum arca fuisset
to sing with trumpet: when ark might have been

circumlata septiès, muri et turres illicò
carried round seven times, walls and towers immediately

corruerunt; urbs capta-est et direpta.
fell down together; town was taken and plundered.

XCV.

Reges Chanaan, viribus conjunctis,
Kings of Canaan, forces being joined together,

progressi-sunt adversus Hebræos.
advanced against Hebrews.

At Deus dixit Josue; timeas ne eos,
But God said to Joshua; thou mayest fear not them,

victoria erit tua.
victory shall be thine.

Igitur Josue adortus-est illos magno impetu,
Therefore Joshua attacked them with great impetuosity,

qui, correpti subita formidine, fugerunt.
who, seized with sudden dread, fled.

Tunc lapidea grando cecidit et interfecit multos.
Then stony hail fell and killed many.

Autem quum dies inclinaret in vesperum, re
But when day might incline into evening, thing

nondùm confecta, Josue jussit solem consistere:
not yet finished, Joshua commanded sun to stop:

et verò sol stetit, et produxit diem donec
and truly Sun stood, and prolonged day until

exercitus hostium fuisset deletus.
army of enemies might have been destroyed.

XCVI.

Omnibus populis Palestinæ devictis, Josue
All peoples of Palestine being *conquered, Joshua*

collocavit Hebræos in destinata sede: divisit agros
placed Hebrews in destined seat: he divided fields

et oppida capta singulis tribubus, et mortuus-est.
and towns taken to each tribes, and he died.

Deinda summa potestas delata-est ad judices,
Afterwards chief power was deferred to judges,

inter quos Gedeon, Samson, et Samuel
among whom Gedeon, Samson, and Samuel

eminuere.
were eminent.

Deinceps fortuna Hebræorum fuit varia pro
Afterwards fortune of Hebrews was various for

variis moribus eorum: ii peccaverunt sæpe in
various customs of them: they sinned often against

Deum, tunc destituti divino præsido,
God, then destitute from divine safeguard,

superabantur ab hostibus: quotiês conversi ad
they were conquered by enemies: as often as turned to

Deum imploraverunt auxilium ejus: Deus placatus
God they implored help of him: God appeased

liberavit eos.
freed them.

XCVII.

Hebræi vexati a Midianitis petiêrunt opem a
Hebrews vexed by Midianites sought aid from

Deo: Deus audivit preces illorum.
God: God heard prayers of them.

Angelus adstitit Gedeoni: Dominus tecum,
Angel stood near to Gedeon: Lord with thee,

inquit, fortissime vir.
he says, O most brave man.

Gedeon respondit: si Deus est nobiscum, cur
Gedeon answered: if God is with us, why
premimur dura servitute?
are we oppressed with hard servitude?

Angelus ait: macte animo, liberabis tuum
Angel says: cheer in mind, thou shalt free thy
populum a servitute Midianitarum.
people from servitude of Midianites.

Primo Gedeon nolebat suscipere tantum
At first Gedeon was unwilling to undertake so great
onus; sed confirmatus duplici miraculo abnuit
burthen; but confirmed by double miracle he refused
non.
not.

XCVIII.

Gedeon, exercitu contracto, profectus-est cum
Gedeon, army being *drawn together, departed with*
duobus et triginta millibus hominum, et
two and thirty thousands of men, and
contulit castra castris hostium.
brought together camps to camps of enemies.

Porro infinita multitudo erat in exercitu
Moreover infinite multitude was in army
Midianitarum; nam Rex Amalecitarum conjunxerat
of Midianites; for King of Amalekites had joined together
se cum iis. Tamen Deus dixit Gedeoni:
himself with them. However God said to Gedeon:
opus est non tibi tot millibus
need is not to thee with so many thousands
hominum: cæteris dimissis retine tantum
of men: others being sent away retain only
trecentos viros, ne tribuant victoriam
three hundred men, lest they may attribute victory
suæ virtuti, non divinæ potentiæ.
to their valor, not to divine power.

XCIX.

Gedeon divisit trecentos viros in tres
Gedeon divided three hundred men into three

partes, que dedit illis tubas et testaceas
parts, and gave to them trumpets and earthen
lagenas, in quibus accensæ lampades erant.
bottles, in which lighted lamps were.

Hi ingressi castra hostium media
These having entered camps of enemies in middle
nocte, cœperunt clangere tubis et collidere
night, began to sound with trumpets and to clash together
lagenas inter se.
bottles among themselves.

Midianitæ, sonitu tubarum audito, et
Midianites, sound of trumpets being heard, and
lampadibus visis, turbati-sunt, et dilapsi-sunt
lamps being seen, were troubled, and glided away
turpi fuga quo quisque potuit.
in base flight whither each one was able.

Denique, converterunt gladios in se
Lastly, they turned swords against themselves
invicem, et trucidârunt se mutua
mutually, and slaughtered themselves with mutual
cæde.
slaughter.

Gedeon persecutus-est reges hostium, et dedit
Gedeon pursued kings of enemies, and gave
comprehensos neci.
them *taken to death.*

C.

Quum Hebræi essent in potestate Philistæorum,
When Hebrews might be in power of Philistines,
et affligerentur ab illis, Samson natus-est,
and might be afflicted by them, Sampson was born,
futurus ultor hostium.
about to be avenger of enemies.

Mater hujus fuerat diu sterilis, sed
Mother of him had been a long time barren, but
angelus Domini apparuit ei, que prædixit eam
Angel of Lord appeared to her, and foretold her
parituram filium qui vindicaret aliquandò
about to bring forth son who should avenge some time
suos cives in libertatem.
his citizens into liberty.

Enixa puerum indidit ei nomen
Having brought forth a boy she gave to him name

Samsonis.
of Samson.

Puer crevit: habuit comam intonsam; bibit nec
Boy grew: he had hair unshorn; he drank nor

vinum nec siceram: fuit incredibili robore
wine nor strong drink: he was with incredible strength

corporis: interfecit manu obvium leonem.
of body: he slew with hand obvious lion.

CI.

Samson adultus affecit Philistæos multis
Samson grown up affected Philistines with many

cladibus; cepit trecentas vulpes, caudis quarum
defeats; he took three hundred foxes, to the tails of which

alligavit accensas lampadas et immisit in
he bound lighted lamps and he sent in into

agros hostium. Tunc forté messis erat matura:
fields of enemies. Then by chance harvest was ripe:

ita incendium fuit facile.
thus the burning was easy.

Omnes segetes, vineæ, et oleæ exustæ-sunt,
All crops, vines, and olive trees were burned up,

nec destitit vexare inimicam gentem variis
nor he desisted to vex hostile nation with various

incommodis.
inconveniences.

Traditus Philistæis rupit vincula, quibus
Being delivered to Philistines he broke bonds, with which

fuerat constrictus, et maxilla asini
he had been bound, and the jaw-bone of an ass

arrepta, hoc telo, quod casus dederat,
being seized, with this weapon, which chance had given,

prostravit mille hostium.
he prostrated a thousand of enemies.

CII.

Quâdam die Samson ingressus-est urbem
On a certain day Samson entered a city

Philistæorum que videbatur pernoctaturus ibi.
of Philistines and did seem about to spend the night there.

Philistæi captantes occasionem, jusserunt porta
Philistines taking occasion, commanded gates

obserari ne quis exiret.
to be bolted lest any one should go out.

Expectabant silentes per totam noctem ut
They did wait silent through whole night that

interficerent Samsonem exeuntem mane.
they might slay Samson going out in the morning.

At Samson surrexit media nocte, que venit ad
But Samson arose in middle night, and came to

portam urbis, quam quum invenisset clausam,
gate of city, which when he might have found shut,

sustulit humeris, cum postibus et seris, atque
he bore on shoulders, with posts and bolts, and

supportavit in verticem vicini montis.
carried into top of neighbouring mountain.

CIII.

Tandem Philistæi, qui nequiverant comprehendere
At length Philistines, who had not been able to apprehend

Samsonem, corruperunt uxorem illius pecunia, ut
Samson, corrupted wife of him with money, that

ea proderet virum.
she might give up husband.

Mulier persuasit viro, ut indicaret
Woman persuaded to husband, that he would indicate

sibi causam tantæ virtutis, et ubi rescivit
to her cause of so great virtue, and when she understood

vires ejus esse sitas in capillis, totondit
strengths of him to be situated in locks, she shaved

caput dormientis, atque ita tradidit eum
head of him *sleeping, and thus she delivered him*

Philistæis.
to Philistines.

Illi, oculis effosis, conjecerunt vinctum
They, eyes being *dug out, cast* him *bound*

in carcerem, que habuerunt diù
into prison, and they had him *for a long time*

ludibrio.
to a laughing stock.

Sed spatio temporis crinis accisus cœpit crescere
But in space of time hair cut began to grow

et virtus redire cum crine, que jam Samson,
and virtue to return with hair, and now Samson,

conscius recepti roboris, opperiebatur tempus justæ
conscious of received strength, did wait for time of just

ultionis.
revenge.

CIV.

Mos erat Philistæis, quúm agerent
Custom was to Philistines, when they might act

festos dies, producere Samsonem quasi in
festival days, to lead forward Samson as if into

publicam pompam, que insultare capto.
public pomp, and to insult to him *taken.*

Quâdam die quúm publicum convivium
On a certain day when public feast

celebraretur, jubent Samsonem adduci.
might be celebrated, they order Samson to be brought.

Domus in quâ omnis populus et principes
House in which all people and princes

epulabantur erat subnixa duabus columnis miræ
did feast was leaning on to two pillars of wonderful

magnitudinis.
magnitude.

Samson adductus statuitur inter columnas. Túm
Samson brought is placed between pillars. Then

ille utens occasione concussit columnas, et omnis
he using with occasion shook pillars, and all

turba obruta-est ruina domûs, que Samson
crowd was overwhelmed by the ruin of house, and Samson

ipse simul occubuit non inultus cum
himself at the same time fell not unrevenged with

hostibus.
enemies.

CV.

Quúm Heli esset summus Sacerdos, Samuel
When Heli might be highest Priest, Samuel

natus-est. Mater adduxit hunc ad Sacerdotem, et
was born. Mother brought him to Priest, and

obtulit Domino, ut ministraret in faciendis
offered to Lord, that he might serve in making

sacrificiis.
sacrifices.

Puer crescebat præditus egregia indole, que
Boy did grow endowed with excellent disposition, and

erat carus Deo et hominibus: cui mater
was dear to God and to men: to whom mother

certis temporibus offerebat parvam tunicam quam
in certain times did bring little robe which

ipsa confecerat.
she herself had made.

Vero Heli habebat filios perditis moribus, adeó
But Heli did have sons with lost manners, so

ut abducerent populum a colendo
that they might lead away people from worshipping

Deo, nec reprehendit eos unquam satis graviter.
God, nor he reprehended them ever enough heavily.

Ob quam rem Deus erat iratus et liberis
For which thing God was angry and to children

et patri.
and to father.

CVI.

Quadam nocte, quùm Heli jaceret in lectulo,
On a certain night, when Heli might lie in little bed,

Dominus vocavit Samuelem, qui ratus
the Lord called Samuel, who having thought

se arcessi, cucurrit que dixit: en
himself to be sent for, ran and said: behold

adsum, enim vocâsti me.
I am present, for thou hast called me.

At Heli inquit: vocavi te non, mi fili:
But Heli says: I have called thee not, O my son:

revertere in lectulum; que id factum-est iterum,
return into little bed; and that was done again,

et tertio.
and thirdly.

Tandem præmonitus â sacerdote, Samüel respondit
At length pre-admonished by Priest, Samuel answered

Deo vocanti, loquere, Domine, enim tuus servus
to God calling, speak, O Lord, for thy servant
audit.
hears.

Tùm Deus ait Samueli; ego afficiam domum
Then God says to Samuel; I will affect house
Heli iis malis quæ nemo possit
of Heli with those evils which no man may be able
audire, quin ambæ aures tinniant ei, propterea
to hear, but that both ears may ring to him, because
quòd fuerit plus indulgens æquo in
that he may have been more indulgent than just towards
suos liberos, que tulerit vitia illorum
his children, and he may have borne vices of them
nimiùm patienter.
too much patiently.

CVII.

Deindè arctior somnus complexus-est Samuelem, qui
Afterwards closer sleep embraced Samuel, who
dormivit usquè manè.
slept until morning.

Ubi dies illuxit, surgens e lectulo aperuit
When day shone, rising out of little bed he opened
ostium tabernaculi: autem timebat indicare Sacerdoti
door of tent: but he did fear to indicate to Priest
sermonem Dei.
word of God.

Heli compellans eum: oro te et obtestor,
Heli addressing him: I pray thee and I beseech,
inquit, indica mihi ea quæ Deus
he says, indicate to me those things which God
dixit tibi: cave celes me ne
said to thee: beware thou mayest conceal from me not
quidquam eorum quæ audivisti. Samuel
any thing of those things which thou hast heard. Samuel
paruit jubenti, que narravit illi omnia
obeyed to him commanding, and related to him all
verba Domini: cui Heli ait, faciat quod
words of Lord: to whom Heli says, he may do what
libuerit sibi.
it may have pleased to him.

CVIII.

Paulò pòst bellum exortum-est inter
In a little while after war arose between
Philistæos et Hebræos.
Philistines and Hebrews.

Hebræi deferunt, arcam fœderis in pugnam
Hebrews carry away ark of covenant into battle
et filii sacerdotis procedunt cum ea; sed quia
and sons of priest proceed with it; but because
Deus erat offensus illis, arca fuit magis detrimento
God was offended to them, ark was more to detriment
qùam adjumento
than to help.

Hebræi victi-sunt, filii sacerdotis occisi, arca
Hebrews were conquered, sons of priest killed, ark
ipsa capta-est.
itself was taken.

Heli, nuncio audito tantæ cladis,
Heli, message being *heard of so great defeat,*
decidit è sella, et cervice fracta,
fell down out of seat, and neck being *broken,*
mortuus-est.
he died.

CIX.

Samuel fuit postremus judex Hebræorum, que
Samuel was last judge of Hebrews, and
administravit res eorum in summa pace et
administered things of them in highest peace and
perpetua tranquillitate.
in perpetual tranquillity.

At quum senuisset, et filii ejus
But when he might have grown old, and sons of him
desciscerent à paternis moribus populus amans
might revolt from paternal manners, people loving
novitatis, petiit regem ab illo. Samuel primo
of novelty, sought king from him. Samuel at first
dissuasit rem, que conatus-est dimovere
dissuaded thing, and endeavoured to move away
Hebræos ab isto consilio: sed illi perstiterunt in
Hebrews from that design: but they persisted in

sententia. Quare Samuel, admonitus á Deo,
opinion. Wherefore Samuel, admonished by God,

annuit postulationi eorum, et consecravit Saulem
assented to request of them, and consecrated Saul

Regem.
King.

Statura Saulis erat ingens, et forma excellens,
Stature of Saul was large, and form excellent,

adeo, ut dignitas corporis conveniret pulchré
so, that dignity of body might agree beautifully

regiæ dignitati.
to regal dignity.

CX.

Philistæi fecerunt irruptionem in agrum
Philistines. made irruption into field

Hebræorum.
of Hebrews.

Quapropter Saul processit adversus illos, et posuit
Wherefore Saul advanced against them, and placed

castra apud Galbala, insignem urbem istius regionis.
camps at Galbala, remarkable city of that region.

Porrò Samuel edixerat ut expectarent
Moreover Samuel had declared that they should wait

per septem dies, neve consererent manum cum
through seven days, nor should join hand with

hoste priùs quàm ipse veniens faceret
enemy before than he himself coming should make

sacrificium Deo.
sacrifice to God.

Septimo die, quum Samuel moraretur, et
On seventh day, when Samuel might delay, and

populus pertæsus moræ dilaberetur, Saul ipse
people wearied of delay might glide away, Saul himself

fecit sacrificium loco Sacerdotis. Vix sacrificio
made sacrifice in place of Priest. Scarcely sacrifice

peracto Samuel venit que reprehendit regem
being *performed Samuel came and reproved king*

graviter, quod arrogavisset sibi proprium
heavily, that he might have arrogated to himself peculiar

munus Sacerdotum temerè.
office of Priests rashly.

CXI.

Quùm Hebræi premĕrentur á Philistæis, Jonathas
When Hebrews might be oppressed by Philistines, Jonathan

filius Saulis cepit et perfecit audax consilium.
son of Saul took and performed audacious design.

Armigero solo comite, ingressus-est castra
Armour-bearer alone companion, he entered camps

hostium, et ferè viginti Philistæis interemptis,
of enemies, and about twenty Philistines being *killed,*

percŭlit universum exercitum terrore. Itaque
he struck whole army with terror. Therefore

Philistæi perturbati cœperunt non jam servare
Philistines troubled began not now to keep

ordines, non exequi imperia, sed committere
ranks, not to perform commands, but to commit

se fugæ: Quod ubi Saül animadvertit,
themselves to flight: Which when Saul perceived,

eduxit castris copias, et persecutus
he led out from camps forces, and having pursued

fugientes retulit insignem victoriam.
those *flying he bore back remarkable victory.*

CXII.

Dum Saul persequeretur Philistæos edixeràt
While Saul might pursue Philistines he had decreed

ne quis sumeret cibum nisi hostibus
lest any one should take food unless enemies

confectis, minitatus mortem cum juramento
being *finished, having threatened death with oath*

illi, qui fecisset contra edictum.
to him, who might have done against decree.

Jonathas tunc aberat, nec audiverat. imperium
Jonathan then was absent, nor had heard command

regis.
of king

Accidit ut exercitus trajiceret sylvam in
It happened that army might cross wood in

quâ esset plurimum agrestis mellis.
which there might be very much of wild honey.

Jonathas nescius paterni edicti, extendit virgam
Jonathan ignorant of paternal decree, extended a rod

quam tenebat manu que admovit ori eam
which he did hold in hand and applied to mouth it

intinctam in mel.
dipped in into honey.

Ubi rex cognovit id voluit filium
When king knew it he wished son

plecti morte; sed recens meritum
to be punished with death; but recent merit

exemit juvenem periculo; nec populus tulit
took away young man *from danger; nor people bore*

insontem trahi ad supplicium.
him *innocent to be drawn to punishment.*

CXIII.

Posteà, Deo jubente, Saul intulit bellum
Afterwards, God commanding, Saul brought on war

Amalecitis. Primò, gessit rem benè.
to Amalekites. At first, he carried on thing well.

Hostes cæsi-sunt, et rex eorum captus-est. Sed
Enemies were slain, and king of them was taken. But

deinde Saul offendit graviter Deum: Deus
afterwards Saul offended heavily God: God

vetuerat ne quid reservaretur ex
had forbidden lest any thing should be reserved out of

spoliis hostium; vero Amalecitis cæsis, servavit
spoils of enemies; but Amalekites being slain, he kept

partem prædæ.
part of booty.

Ob quam causam rejectus-est à Deo, et
For which cause he was rejected by God, and

David, adhuc juvenis, ê tribu Judæ, electus-est
David, as yet young, out of tribe of Juda, was chosen

in locum ejus, et unctus. Samuele.
into place of him, and anointed by Samuel.

CXIV.

Malus spiritus invasit Saulem, postquam
Evil spirit invaded Saul, after that

sprevisset mandata Dei, ita ut ille
he might have contemned commands of God, so that he

incideret sæpe in furorem.
might fall in often into fury.

Tum aulici suaserunt ei ut arcesseret
Then courtiers persuaded to him that he should send for

aliquem qui sciret pulsare citharam ad ægrum
some one who might know to beat harp to sick

animum ejus deliniendum.
mind of him to be soothed.

David peritus hujusce artis, arcessitus-est, qui habebatur
David skilled of this art, was sent for, who was held

inter regios ministros ob illud munus.
among royal servants for that office.

Itaque statim ac malus spiritus corripiebat
Therefore immediately as evil spirit did seize

Saulem, David pulsabat citharam, et furor regis
Saul, David did beat harp, and fury of king

considebat.
did settle.

CXV.

Bellum cum Philistæis secutum-est: quùm duæ
War with Philistines followed: when two

acies essent in conspectu, quidam Philistæus,
lines might be in sight, a certain Philistine,

nomine Goliathus, vir miræ magnitudinis,
by name Goliah, man of wonderful greatness,

progressus-est ante ordines, et sæpe provocabat
advanced before ranks, and often did provoke

unum ex Hebræis ad singulare certamen.
one out of Hebrews to single combat.

Induebatur squamata lorica, habebat
He was clothed with a scaly coat of mail, he did have

æreas ocreàs in cruribus, ærea cassis
brazen greaves upon legs, brazen helmet

operiebat caput ejus, et æreus clypeus tegebat
did cover head of him, and brazen shield did cover

humeros.
shoulders.

Tum Saul promisit magna præmia, et imo
Then Saul promised great rewards, and even

nuptias filiæ ei, qui retulisset
nuptials of daughter to him, who might have carried back

spolia provocantis.
spoils of him *provoking.*

At nemo audebat exire contra illum, et
But no man did dare to go out against him, and

Goliathus exprobrabat suam ignaviam cum irrisu
Goliah did reproach their idleness with derision

ac ludibrio.
and ridicule.

CXVI.

David, commotus ignominia sui populi, obtulit
David, moved by ignominy of his people, offered

se sponte ad pugnandum.
himself willingly to fighting.

Itaque adductus-est ad Saulem, qui, ætate ejus
Therefore he was brought to Saul, who, age of him

considerata, diffidebat pugnæ.
being *considered, did distrust to battle.*

Poteris non, inquit, adolescentulus pugnare
Thou wilt be able not, he says, a very young man to fight

cum robustissimo viro.
with most robust man.

David respondit: timeas ne, O rex; quum
David answered: thou mayest fear not, O king; when

pascerem oves mei patris, leo invasit gregem
I might feed sheep of my father, lion invaded flock

que corripùit ovem, ego persecutus occidi illum,
and seized a sheep, I having pursued killed him,

et eripui ovem è faucibus illius.
and snatched sheep out of jaws of him.

Interfeci pariter ursum. Deus, qui defendit me à
I slew likewise bear. God, who defended me from

leone et urso, defendet me quoque à
lion and from bear, will defend me also from

isto Philistæo. Tum Saul inquit; abi cum ista
that Philistine. Then Saul says; go away with that

fiducia: Deus adjuvet te.
confidence: God may he help thee.

CXVII.

Saul ipse voluit accommodare sua arms
Saul himself wished to accommodate his arms

juveni, imposuit galeam capiti ejus;
to young man, *he placed upon helmet to head of him;*

circumtexit pectus lorica, accinxit latus
he covered around breast with coat of mail, he girded side

gladio.
with sword.

Vero David impeditus iis armis quibus erat
But David hindered by those arms to which he was

non assuetus, poterat vix incedere.
not accustomed, was able scarcely to proceed.

Quare deposuit incommodum onus; autem
Wherefore he placed down inconvenient burden; but

sumpsit pastorale pedum, quo consueverat
he took pastoral crook, with which he had been accustomed

uti, et fundam, cum quinque lapidibus in
to use, and sling, with five stones in

sacculo. Sic armatus, processit adversus
little bag. Thus armed, he advanced against

Philistæum.
Philistine.

CXVIII.

Goliathus accedebat ex-adverso, qui
Goliah did approach from the opposite side, *who*

adolescente viso, num inquit, putas
young man being *seen, whether, he says, thinkest thou*

me esse canem, qui aggrediaris me cum
me to be dog, who mayest approach me with

baculo?
stick?

Cui David respondit, tu venis ad me cum
To whom David answered, thou comest to me with

gladio et hasta et clypeo: autem ego venio
sword and with spear and with shield: but I come

in nomine Domini exercituum, quem ausus-es
in name of Lord of armies, whom thou hast dared

lacessere probris.
to provoke with insults.

Tum lapide misso fundâ, percussit Philistæum
Then stone being *sent from sling, he struck Philistine*

in fronte et prostravit humi, que currens
in forehead and prostrated on the ground, and running

detraxit suum gladium jacenti, quo
he drew away his sword to him lying, with which

præcidit caput illi.
he cut off head to him.

Philistæi perculsi ea re, versi-sunt in
Philistines struck by this thing, were turned into

fugam, et concesserunt victoriam Hebræis.
flight, and yielded victory to Hebrews.

CXIX.

Itum-est obviam Davidi redeunti. Hebræi
It was gone toward to David returning. Hebrews

gratulantes victorem, deducunt ad urbem: mulieres
congratulating conqueror, lead away to city: women

ipsæ egressæ domibus cum tympanis,
themselves having come out from houses with drums,

canebant laudes ejus.
did sing praises of him.

Tantus favor populi accendit invidiam Saulis, qui
So great favor of people inflamed envy of Saul, who

deinceps fuit malevolo animo in Davidem,
afterwards was with malevolent mind towards David,

nec jam aspiciebat eum benignis oculis.
nor now he did view him with kind eyes.

Mens Jonathæ, filii ejus, fuit longé alia:
Mind of Jonathan, son of him, was by far other:

admirans virtutem Davidis, complexus-est illum
admiring valor of David, he embraced him

singulari amore, que donavit suo balteo,
with singular love, and he presented with his belt,

arcu et gladio.
with bow and with sword.

CXX.

Saul spoponderat suam filiam uxorem victori,
Saul had promised his daughter wife to conqueror,

at stetit non promissis, que proposuit novam
but he stood not to promises, and he proposed new

conditionem, nempé: si David interfecisset centum
condition, namely: if David might have slain hundred

Philistæos.
Philistines.

Invidus rex faciebat id malo animo: sperabat
Envious king did do that with bad mind: he did hope

scilicet audacem juvenem periturum facilè; at
indeed bold young man *about to perish easily; but*

sua spes delusit eum.
his hope deluded him.

Nam ducentis Philistæis occisis, David rediit
For two hundred Philistines being killed, David returned

illæsus, atque ita recepit filiam regis in
unhurt, and thus received daughter of king into

matrimonium.
marriage.

CXXI.

Odium Saulis crescebat in dies, invidia stimulante:
Hatred of Saul did increase into days, envy stimulating:

quare parabat necem Davidi non jam
wherefore he did prepare death to David not now

occulte, sed palàm.
secretly, but openly.

Bis conatus-est confodere eum lancea, sed
Twice he endeavoured to pierce him with lance, but

David effugit lethalem ictum declinatione corporis.
David escaped deadly blow by bending of body.

Saul dedit mandata Jonathæ, ut occideret
Saul gave commands to Jonathan, that he should kill

Davidem; sed Jonathas noluit obsequi crudeli
David; but Jonathan was unwilling to comply to cruel

imperio patris, obtestatus-est illum imò cum lacrymis,
command of father, he besought him even with tears,

ut deponeret tam iniquum consilium.
that he would lay down so unjust design.

Denique, Saul misit satellites, qui trucidarent
Lastly, Saul sent guards, who should slaughter

Davidem domi in oculis uxoris; verò hæc demisit
David at home in eyes of wife; but she sent down

maritum per fenestram, atque ità eripuit
husband through window, and thus rescued

periculo.
from danger.

CXXII.

Ut David vidit animum Saulis esse implacabilem
When David saw mind of Saul to be implacable

in se, excessit aula et petiit. solitudinem.
towards himself, he went out from hall and sought desert.

Saul persecutus-est illum; at, Deo favente, David
Saul pursued him; but, God favouring, David

effugit manus inimici, et ipse servavit vitam
escaped hands of enemy, and he himself kept life

Saulis non semel.
of Saul not once.

Spelunca patens vasto recessu erat in deserto;
Cave lying open with vast recess was in desert;

ibi David latebat cum suis comitibus in
there David did lie hid with his companions in

interiore parte.
inner part.

Saul ingressus-est in illam speluncam fortè solus,
Saul entered into that cave by chance alone,

nec vidit latentes, que oppressus somno
nor saw them *lying hid, and oppressed by sleep*

quievit.
he rested.

Sui comites hortabantur Davidem ut arriperet
His companions did exhort David that he might seize

occasionem interficiendi Saulis, sed David noluit
occasion of slaying Saul, but David was unwilling

quùm posset occidere inimicum impuné.
when he might be able to kill enemy with impunity.

CXXIII.

Bellum motum-est rursùm cum Philistæis, adversus
War was moved again with Philistines, against

quod Saul processit cum exercitu.
which Saul advanced with army.

Pugnâ commissâ, Hebræi fusi-sunt: tres
Fight being *committed, Hebrews were routed: three*

filii regis ceciderunt in acie. Saul ipse
sons of king fell in battle. Saul himself

delapsus ex equo, ne veniret vivus
having glided out of horse, lest he should come alive

in potestatem hostium, præbuit latus uni
into power of enemies, afforded side to one
comitum transfodiendum.
of companions to be pierced.

Fuga omnium Hebræorum consecuta-est mortem regis,
Flight of all Hebrews followed death of king,
et eo die Philistæi potiti-sunt insigni
and on that day Philistines enjoyed with remarkable
victoria.
victory.

CXXIV.

Morte Saulis audita, David profudit lacrymas:
Death of Saul being *heard, David shed tears:*
execratus-est montes Gelboes, ubi illa
he cursed mountains of Gilboa, where that
cædes facta-fuerât.
slaughter had been made.

Jussit illum qui jactitabat Saulem
He commanded him who did boast often Saul
occissum-esse, et attulerat regia insignia,
to have been killed, and had brought regal ensigns,
perimi, in pœnam violatæ regiæ majestatis.
to be killed, into penalty of violated royal majesty.

Retulit gratiam civibus urbis Jabes, quod
He returned favor to citizens of town Jabe, because
sepelivissent corpora Saulis que filiorum
they might have buried bodies of Saul and of sons
ejus.
of him.

Exemplum sane admirandum veri ac sinceri
Example truly to be admired of true and of sincere
amoris erga inimicum.
love towards enemy.

CXXV.

Postquam David conscendit solium, commisit duplex
After that David mounted throne, he committed double
et quidem gravissimum scelus.
and indeed most heavy crime.

Adamavit mulierem, nomine Betsaben, que
He loved much woman, by name Bathsheba, and

compulit eam ad flagitium.
compelled her to crime.

Maritus mulieris, nominie Urias, fortissimus vir,
Husband of woman, by name Uriah, most brave man,

erat tum in castris, et navabat egregiam operam
was then in camps, and did perform excellent work

patriæ. David jussit hunc objici hostibus
to country. David commanded him to be cast to enemies

iniquo loco pugnæ, atque ita curavit necandum.
in unequal place of battle, and thus he cared to be killed.

At Deus misit Prophetam ad Davidem, qui
But God sent Prophet to David, who

admoneret illum, que denunciaret ei pœnam
might admonish him, and might declare to him penalty

sceleris subeundam.
of crime to be undergone.

CXXVI.

Sic Propheta allocutus-est Davidem: duo homines
Thus Prophet spoke to David: two men

erant in eadem urbe, alter dives alebat multos greges
were in same city, one rich did nourish many herds

bovum, caprarum, atque ovium; vero alter habebat
of oxen. of goats, and sheep; but other did have

nihil præter unam ovem quam ipse emerat,
nothing except one sheep which himself had bought,

et nutriebat diligenter apud se.
and did nourish diligently at himself.

Quidam hospes venit ad divitem hominem, que quum
Certain guest came to rich man, and when

convivium esset parandum, ille dives pepercit
repast might be to be prepared, that rich man *spared*

suis ovibus, et apposuit oviculam pauperis
to his own sheep, and placed to little sheep of poor man

ereptam vi edendam hospiti.
snatched by force to be eaten to guest.

Est tuum, O Rex, judicare de hoc facto.
It is thine, O King, to judge concerning this deed.

CXXVII.

Rex indignans respondit: fecit iniquè,
King indignant answered: he has done unjustly,

quisquis ille est: reddet quatuor oves pro ove
whoever he is: he shall restore four sheep for sheep

ablata.
taken away.

Tum Propheta ait aperté: tu es iste vir:
Then Prophet says openly: thou art that man:

Deus cumulavit te omnibus bonis: fecit te
God has heaped thee with all good things: *he made thee*

regem, liberavit te ab ira Saulis, tradidit
king, he freed thee from anger of Saul, he delivered

tibi regiam domum, regias opes.
to thee royal house, royal riches.

Cur ergo rapuisti uxorem Uriæ? Cur
Why therefore hast thou seized wife of Uriah? Why

interfecisti gladio hostium innoxium virum
hast thou slain with sword of enemies innocent man

militantem tibi?
doing military service to thee?

David motus his verbis Prophetæ agnovit
David moved by these words of Prophet acknowledged

et confessus-est culpam.
and confessed fault.

Cui propheta inquit: Deus condonat tuum peccatum:
To whom prophet says: God pardons thy sin:

attamen filius qui natus-est tibi morietur.
however son who has been born to thee shall die.

CXXVIII.

Paulo post infans incidit in gravem morbum.
In a little while *after child fell in into heavy disease.*

David fuit in magno luctu per septem dies,
David was in great mourning through seven days,

abstinens cibo et orans. Septimo die
abstaining from food and praying. On seventh day

infans mortuus-est; nec famuli ausi-sunt nunciare id
child died; nor servants dared to announce it

regi. Quos ut David vidit mussitantes,
to king. Whom when David saw whispering,

intellexit id quod erat, infantem mortuum-esse.
he understood it which it was, child to have died.

Tunc luctu deposito, jussit cibos
Then mourning being *placed down, he commanded foods*

apponi, que dixit aulicis mirantibus,
to be placed to, and he said to courtiers wondering,

puerulo ægrotante jejunus orabam, sperans scilicet
little boy being sick fasting I did pray, hoping indeed

Deum posse placari; autem nunc quum
God to be able to be appeased; but now when

mortuus-sit, cur lugeam frustra? num
he may have died, why may I mourn in vain? whether

potero revocare illum ad vitam.
shall I be able to call back him to life.

CXXIX.

Alius dolor accessit ad hunc dolorem: Absalon,
Other grief approached to this grief: Absalom,

filius Davidis, affectavit paternum regnum; imperita
son of David, aimed at paternal kingdom; unskilled

multitudine concitata, rebellavit adversus patrem.
multitude being *raised, he rebelled against father.*

Ubi David cognovit id, excessit Hierosolyma,
When David knew it, he went out from Jerusalem,

veritus ne, si remaneret ibi, Absalon
having feared lest, if he should remain there, Absalom

veniens cum exercitu, obsideret regiam urbem, que
coming with army might besiege royal city, and

vastaret eam ferro et igni.
might lay waste it with sword and with fire.

Quare egressus cum suis qui manebant
Wherefore having gone out with his who did remain

in officio, conscendit montem Olivarum flens,
in duty, he ascended mountain of Olives weeping,

nudis pedibus et operto capite.
with naked feet and with covered head.

CXXX.

Quidam vir e genere Saulis, nomine Semei,
Certain man out of race of Saul, by name Semei,

occurrit fugienti, qui cœpit appetere Davidem,
met to him flying, who began to attack David,

que comites ejus, maledictis et lapidibus.
and companions of him, with curses and with stones.

Quod illi, ferentes indigné, volebant
Which they, bearing indignantly, did wish

ulcisci injuriam, et amputare caput
to take vengeance of injury, and to cut off head

maledici conviciatoris.
of the cursing reviler.

At David cohibuit eos: sinite, inquit, istum
But David retained them: suffer, he says, that man

maledicere mihi: forsitan Deus, placatus his
to curse to me: perhaps God, appeased by these

malis quæ patior, miserebitur mei, et restituet
evils which I suffer, will pity of me, and will restore

afflictam rem.
afflicted thing.

Comites admirati incredibilem patientiam
Companions having admired incredible patience

regis, paruerunt ægré dicto.
of king, obeyed ill to word.

CXXXI.

Patre profecto, Absalon ingressus-est
Father having departed, Absalom entered

Hierosolyman, que moratus-est ibi aliquandiù; quæ
Jerusalem, and delayed there some time; which

res fuit saluti Davidi, nam interim
thing was to safety to David, for in the mean time

David collegit copias, que comparavit se ad
David collected forces, and prepared himself to

bellum.
war.

Jam Absalon aderat cum exercitu, et
Already Absalom was present with army, and

prælium erat mox committendum, comites suaserunt
battle was soon to be committed, companions persuaded

Regi ut interesset ne certamini.
to King that he might be present not to the combat.

Quapropter David præfecit Joabum suis copiis,
Wherefore David appointed Joab to his forces,

que contulit se in vicinam urbem.
and bore himself into neighbouring city.

Autem abiens præcepit Joabo, que
But going away he commanded to Joab, and

cæteris ducibus, ut parcerent Absaloni, que
to other leaders, that they should spare to Absalom, and

servarent sibi filium incolumem.
they should keep to him son safe.

CXXXII.

Pugnatum-est acriter utrinque; sed, Deo
It was fought sharply on both sides; but, God

favente, victoria fuit penes Davidem. Milites
favouring, victory was in the power of David. Soldiers

Absalonis verterunt terga, è quibus viginti duo
of Absalom turned backs, out of which twenty two

millia ceciderunt.
thousands fell.

Absalon fugiens insidebat mulo; autem erat
Absalom flying did sit upon to mule; but he was

capillo promiscuo, et denso; dum fertur
with hair dishevelled, and thick; while he is borne

præcipiti cursu, subter densam quercum, coma
with a headlong course, under thick oak, hair

ejus implicata-est ramis, et ipse suspensus
of him was entangled in branches, and he himself suspended

adhæsit, mulo interrim prætereunte et
stuck, mule in the mean time going past and

pergente cursum.
pursuing course.

CXXXIII.

Quidam vidit Absalonem pendentem, nec ausus-est
A certain man *saw Absalom hanging, nor dared*

inferre violentas manus illi, sed nunciavit Joabo,
to bear violent hands to him, but he announced to Joab,

qui increpans eum; debueras, inquit, confodere
who rebuking him; thou hadst owed, he says, to pierce

impium juvenem.
impious young man.

Ille respondit, atqui me præsente Rex præcepit
He answered, but I being *present King ordered*

tibi ut parceres suo filio.
to thee that thou shouldst spare to his son.

Vero ego parcam non, ait Joabus, et statim
But I will spare not, says Joab, and immediately

sumpsit tres lanceas, quas defixit in pectus
he took three lances, which he fixed into breast

Absalonis.
of Absalom.

Quum Absalon palpitaret, adhuc hærens in
When Absalom might palpitate as yet sticking in

quercu, armigeri Joabi interemerunt confossum
oak, armour bearers of Joab killed him *pierced*

repetitis ictibus.
with repeated blows.

CXXXIV.

Interea David stabat ad portam urbis,
In the mean time David did stand to gate of city,

expectans eventum pugnæ, et maxime sollicitus
waiting event of battle, and mostly solicitous

de salute filii.
concerning safety of son.

Quum nunciatum-esset illi hostes
When it might have been announced to him enemies

profligatos et Absalonem interfectum-esse, non modò
routed and Absalom to have been killed, not only

lætatus-est non de victoria quam
he rejoiced not concerning victory which

reportaverat, sed cepit maximum dolorem
he had carried back, but he took greatest grief

ex morte filii.
out of death of son.

Inambulabat in cœnaculo mœrens et
He did walk in in supper chamber mourning and

erumpens identidem in has voces, mi
breaking out now and then into these voices, O my

fili, Absalon! mi fili, Absalon! utinam moriar
son, Absalom! O my son, Absalom! I wish I may die

pro te, Absalon! mi fili, Absalon.
for thee, O Absalom! O my son, Absalom.

CXXXV.

Deinceps David gessit multa bella prosperè
Thenceforth David carried on many wars prosperously

contra Philistæos, que rebus compositis,
against Philistines, and things being *composed,*

foris et domi, exegit reliquum tempus vitæ
abroad and at home, he spent remaining time of life

in florenti pace. Quum esset extrema
in flourishing peace. When he might be in extreme

senectute, et infirma valetudine, constituit
old age, and in infirm health, he appointed

Salamonem hæredem regni. Is, unctus
Solomon heir of kingdom. He, being *anointed*

à summo sacerdote, patre adhuc vivo,
by highest priest, father as yet being *alive,*

appellatus-est Rex.
was called King.

Postquam David dedisset ultissima
After that David might have given most useful

præcepta administrando regno obiit supremum
precepts to administering kingdom he went over last

diem.
day.

CXXXVI.

Deus diligebat Salomonem, visus-est adstare
God did love Solomon, he seemed to stand to

ei, per quietem, dedit ei optionem
to him, through rest, he gave to him choice

eligendi quidquid vellet.
of electing whatever he might wish.

Salomon poposcit non aliud dari sibi
Solomon required not other thing *to be given to him*

quam sapientiam, æstimans omnia reliqua
than wisdom, esteeming all remaining things

parvi.
of small value.

Quæ res placuit ità Deo ut ille
Which thing pleased so to God that he

tribuerit plus quàm fuerat rogatus, nam
may have bestowed more than he had been asked, for

impertivit Salomoni eximiam sapientiam, et
he imparted to Solomon choice wisdom, and

insuper, addidit divitias et gloriam, quas
moreover, he added riches and glory, which

petierat non.
he had asked not.

CXXXVII.

Non multò post, Salomon edidit specimen sapientiæ
Not much after, Solomon gave out specimen of wisdom

concessæ sibi à Deo.
granted to him by God.

Duæ mulieres habitabant in eâdem domo: utraque
Two women did inhabit in same house: each

peperit puerum eodem tempore. Unus ex
brought forth boy at the same time. One out of

his puerulis mortuus-est nocte post tertium
these little boys died in the night after third

diem: mater subripuit puerum alterius mulieris dormientis,
day: mother stole boy of other woman sleeping,

et supposuit loco hujus suum mortuum
and placed privately in place of him her own dead

filium.
son.

Gravi altercatione orta inter duas
Heavy altercation having arisen between two

mulieres, res delata-est ad Salamonem.
women, thing was deferred to Solomon.

CXXXVIII.

Quæstio erat difficilis, atque perobscura, quum
Question was difficult, and very obscure, when

nullus testis esset.
no witness might be.

Autem ut Rex exploraret veritatem latentem,
But that King might explore truth lying hid,

inquit, puer, de quo controversia est,
he says, the boy, concerning whom controversy is,

dividatur, et una pars detur uni
may be divided, and one part may be given to one

mulieri, altera alteri.
woman, other to the other.

Falsa mater assensit judicio, verò altera
False mother assented to judgement, but other

exclamavit: quæso, puer occidatur ne. Tum
exclaimed: I pray, the boy may be killed not. Then

Rex ait; res est manifesta, hæc est verè
King says; thing is manifest, this woman *is truly*

mater pueri et adjudicavit illum huic.
mother of boy and he judged him to her

Omnes admirati-sunt singularem prudentiam regis.
All admired singular prudence of king.

CXXXIX.

Salomon ædificavit templum immensi operis
Solomon built temple of immense work

Hierosolymæ: omnia in eo fulgebant auro,
at Jerusalem all things *in it did shine with gold,*

argento, que gemmis: in hoc templo arca
with silver, and with gems: in this temple ark

fœderis collocata-est.
of covenant was placed.

Vicini reges, ob tantam famam,
Neighbouring kings, on account of so great fame,

junxerunt amicitiam cum Salomone, que fecerunt
joined friendship with Solomon, and made

fœdus.
covenant.

Regina Sabæ, cupida visendi ejus, excessit
Queen of Sheba, desirous of visiting of him, came out

finibus sui regni, que venit
from boundaries of her kingdom, and came to

Hier osolyman, Salomon regnabat in summ pace,
Jerusalem, Solomon did reign in highest peace,

affluens opibus, et deliciis.
flowing in riches, and in delights.

Postea Salomon dedit se voluptati:
Afterwards Solomon gave himself to pleasure:

porrò, nihil est tam inimicum virtuti quám
moreover, nothing is so hostile to virtue as

voluptas, itaque amisit sapientiam. Exteræ mulieres,
pleasure, therefore he lost wisdom. Foreign women,

quas adamavit, pertraxerunt eum, jam senem,
whom he loved much, drew him, already old,

ad Gentiles ritus.
to Gentile rites.

Quibus rebus Deus offensus denunciavit
By which things God being *offended announced*

illi fore, scilicet, ut regnum ex
to him to be about to be, namely, that kingdom out of

majore parte adimeretur et
greater part should be taken away and

traderetur servo, atque ita factum-est
should be delivered to servant, and thus it was done.

CXLI.

Filius Roboamus successit Salomoni: is evertit,
Son Rehoboam succeeded to Solomon: he overturned,

suâ stultitiâ, imperium jam nutans paternâ
by his folly, empire already nodding by paternal

culpa.
fault.

Salomon imposuerat populo gravissimum vectigal,
Solomon had placed upon to people most heavy tax,

quod onus quúm populus posset non
which burden when people might be able not

tolerare, poposcit illud imminui; senes
to bear, it requested it to be diminished; old men

monebant Regem ut satisfaceret populo; vero
did admonish King that he would satisfy to people; but

juvenes dissuadebant.
young men *did dissuade.*

Roboamus, usus consilio æqualium,
Rehoboam, having used with counsel of equals,

respondit acerbe populo, que rejecit postulationem
answered bitterly to people, and rejected request

ejus.
of it

Seditio exorta-est: decem tribus defecerunt à
Sedition arose: ten tribes revolted from

Roboamo, que creaverunt sibi Jeroboamum,
Rehoboam, and they created to themselves Jereboam,

è tribu Ephraimi.
out of tribe of Ephraim.

Tantùm duæ tribus manserunt in fide: scilicet,
Only two tribes remained in faith: namely,

tribus Judæ et tribus Benjamini.
tribe of Judah aud tribe of Benjamin.

Sic duo regna facta-sunt ex uno,
Thus two kingdoms were made out of one,

alterum Judæ, alterum Israëlis.
one of Judah, other of Israel.

Jeroboamus, ut abduceret suum populum
Jereboam, that he might lead away his people

à consuetudine eundi Hierosolymam, instituit
from custom of going to Jerusalem, instituted

propriam religionem eis, et proposuit falsos Deos
own religion to them, and proposed false Gods

colendos.
to be worshipped.

CXLIII.

Israëliticum regnum stetit non diù, quia
Israelitish kingdom stood not a long time, because

omnes reges ad unum fuerunt impii.
all kings to one were impious.

Deus misit sæpè Prophetas ad eos, qui
God sent often Prophets to them, who

admonerent eos, et revocarent ad verum
might admonish them, and might call back to true

cultum; sed illi paruerunt non monitis
worship; but they obeyed not to admonitions

prophetarum, sed affecerunt eos imò contumeliis,
of prophets, but they affected them even with insults,

pœnis, morte.
with punishments, with death.

Quarè Deus iratus, tradidit illos in
Wherefore God being angry, delivered them into

potestatem hostium; devicti-sunt à rege
power of enemies; they were conquered by king

Assyriorum, qui fecit decem tribus captivas, et
of Assyrians, who made ten tribes captive, and

deportavit in Assyrsiam.
carried away into Assyria.

CXLIV.

Inter captivos qui deducti-sunt in Assyriam,
Among captives who were led away into Assyria,

fuit Tobias.
was Tobias.

Is observabat sedulò divinam legem ab ineunte
He did observe sedulously divine law from entering

ætate.
age.

Quúm esset puer tamen gessit nihil
When he might be boy however he carried on nothing

puerile.
boyish.

Denique, dum omnes irënt ad aureos vitulos quos
Lastly, while all might go to golden calves which

Jeroboamus Rex Israëlis fecerat et proposuerat
Jereboam King of Israel had made and had placed forth

populo adorandos, hic solus fugiebat societatem
to people to be worshipped, he alone did flee society

omnium; autem pergebat ad templum Domini, et
of all; but he did proceed to temple of Lord, and

ibi adorabat Dominum.
there he did worship Lord.

CXLV.

Tobias adultus duxit uxorem, que habuit filium,
Tobias grown up led wife, and had son,

quem docuit ab infantia timere Deum et
whom he taught from childhood to fear God and

abstinere ab omni peccato.
to abstain from all sin.

Quùm adductus-esset in captivitatem, retinuit
When he might have been led into captivity, he retained

semper eandem pietatem in Deum; quotidiè
always same piety towards God; daily

impertiebat comitibus sui exilii omnia bona
he did impart to companions of his exile all good things

quæ poterat habere, que hortabatur eos
which he was able to have, and he did exhort them

salutaribus monitis ad colendum Deum.
with salutary admonitions to worshipping God.

Commodavit perhumaniter decem talenta cuidam
He lent very humanely ten talents to a certain

Gabelo egenti, quibus donatus-fuerat à rege.
Gabel wanting, with which he had been gifted by king.

CXLVI.

Posteà novus Rex Assyriorum exortus-est, infensus
Afterwards new King of Assyrians arose, hostile

Israëlitis, qui vexabat eos, necabat, et vetabat
to Israelites, who did vex them, did kill, and did forbid

sepeliri.
to be buried.

In hâc calamitate Tobias invisebat fratres, consolans
In this calamity Tobias did visit brothers, consoling

miseros, juvans egenos suis opibus, et sepeliens
the wretched, helping needy with his riches, and burying

mortuos:
dead.

Ea res nunciata-est regi, qui jussit
This thing was announced to king, who commanded

Tobiam interfici et spoliari omnibus bonis.
Tobias to be slain and to be stripped from all goods.

At Tobias delituit cum uxore et filio, que sic
But Tobias lay hid with wife and son, and thus

effugit iram regis.
he escaped anger of king.

CXLVII.

Quodam festo die, quum paravisset
On a certain festival day, when he might have prepared

lautum convivium, misit filium ut invitaret
splendid banquet, he sent son that he might invite

aliquot é sociis ad prandium.
some out of companions to dinner.

Filius reversus, nunciavit patri Israëlitem
Son having returned, announced to father Israelitish

hominem jacere mortuum in foro.
man to lie dead in market.

Statim Tobias exsiliens portavit occulté cadaver
Immediately Tobias leaping out carried secretly corpse

domum, ut sepeliret illud noctu.
home, that he might bury it by night.

Sui amici dehortabantur ab hoc officio. At
His friends did dissuade from this duty. But

Tobias, timens magis Deum quàm regem, destitit non
Tobias, fearing more God than king, desisted not

facere id.
to do it.

CXLVIII.

Tobias defatigatus in præstando solito officio, incubuit
Tobias fatigued in affording wonted duty, lay down

parieti et obdormivit: forté calida stercora
to wall and slept: by chance hot dungs

inciderunt ex nido hirundinum in oculos dormientis,
fell in out of nest of swallows into eyes of him *sleeping,*

undé factus-est cæcus.
whence he was made blind.

Quam calamitatem Deus permisit evenire illi
Which calamity God permitted to happen to him

ideò, ut esset illustre exemplum
on this account, that he might be illustrious example

patientiæ propositum ad imitandum posteris.
of patience placed forth to to be imitated to descendants.

Nam Tobias tulit cæcitatem adeò patienter, ut
For Tobias bore blindness so patiently, that

neque quisquam audierit illum querentem, neque
neither any one may have heard him complaining, nor

ille coluerit Deum minùs constanter
he may have worshipped God less constantly

eò.
on that account.

CXLIX.

Uxor Tobiæ comparabat ea quæ erant
Wife of Tobias did prepare those things *which were*

necessaria ad victum in texendâ telâ. Quadam die
necessary to food in weaving web. On a ceriain day

attulit domum hædum, quem emerat pretio
she brought home a kid, which she had bought with price

quotidiani laboris. Tobias audivit hædum balantem, et
of daily labour. Tobias heard kid bleating, and

veritus ne ablatus-esset furto,
having feared lest it might have been taken away by theft,

dixit uxori: vide iste ereptus-sit ne
he said to wife: see that may have been snatched away not

alicui clam: redde illum suo domino; nam
to any one secretly: restore him to his lord; for

est nefas nobis vivere ex rapto. Adeò justus
it is unlawful to us to live out of plunder. So just

vir abhorrebat ab omni improbitate.
man did abhor from all dishonesty.

CL.

Tobias putans mortem imminere sibi, vocavit
Tobias thinking death to hang over to him, called

suum filium: audi, inquit, mi fili verba
his son: hear, he says, O my son, words

amantissimi patris, que ea hæreant penitùs
of most loving father, and they may adhere thoroughly

infixa tuæ memoriæ, ut instituas vitam
fixed to thy memory, that thou mayest institute life

sapienter.
wisely.

Quotidiè cogita Deum, et cave ne unquàm
Daily think of God, and beware lest ever

pecces in eum, que negligas
thou mayest sin against him, and thou mayest neglect

præcepta ejus.
precepts of him.

Miserere pauperum, ut Deus misereatur tui;
Pity of the poor, that God may pity of thee;

quantúm potueris, esto beneficus et
as much as thou shalt have been able, be beneficent and

liberalis: si magnæ opes suppetant tibi,
liberal: if great riches may be supplied to thee,

tribue multum, si parvæ, parùm, sed libenter: quoniam
bestow much, if small, little, but willingly: because

beneficentia liberat hominem ab æterna morte.
beneficence frees a man from eternal death.

Fuge superbiam, neque sinas eam obrepere
Fly pride, neither thou mayest suffer it to creep

in animum aut in sermonem.
nto mind or into speech.

CLI.

Quod nolis fieri tibi, facito
What thou mayest be unwilling to be done to thee, do

ne aliis. Mi fili, si quis fecerit
not to others. O my son, if any one shall have done

opus tibi, statim persolve ei mercedem;
work to thee, immediately pay to him reward;

semper exquire consilium à sapiente viro: jungito
always search out counsel from wise man: join

ne societatem cum improbis.
not society with wicked men.

Quùm decessero ex hâc vitâ, sepeli
When I shall have departed out of this life, bury

meum corpus: colito tuam matrem, memor malorum
my body: respect thy mother, mindful of the evils

quæ passa-est, dùm gestaret te in
which she has suffered, whilst she might bear thee in

utero, et quúm ipsa obierit supremum
womb, and when she shall have passed over last

diem, ponito eam mecum in eodem sepulchro.
day, place her with me in same tomb.

CLII.

Etiam moneo te hoc; mi fili, me commodavisse
Also I advise thee this; O my son, me to have lent

decem talenta argenti Gabelo, qui nunc commoratur
ten talents of silver to Gabel, who now dwells

Rage in urbe Medorum.
at Rages. in city of the Medes.

Tum adolescens inquit patri faciam omnia
Then young man says to father, I will do all things

ut præcipis mihi pater: autem ignoro
as thou commandest to me O father: but I know not

quomodó recipiam illam pecuniam à Gabelo, nam
how I may receive that money from Gabel, for

neque ille (novit) me, neque ego novi
neither he (has known) me, nor I have known

illum, nec scio quâ viâ eatur in
him, nor I know by what way it may be gone into
Mediam.
Media.

Cui Tobias pater: habeo chirographum Gabeli,
To whom Tobias father: I have hand-writing of Gabel,
quod quum exhibueris illi, statim
which when thou shalt have exhibited to him, immediately
reddet pecuniam; sed quære tibi fidelem
he shall restore money; but seek to thee faithful
hominem, qui sit tibi dux viæ.
man, who may be to thee leader of way.

CLIII.

Tobias egressus invenit júvenem stantem et
Tobias having gone out found young man standing and
accinctum ad iter faciendum: quem ignorans esse
girded to journey to be made: whom not knowing to be
Angelum Dei, salutavit.
the angel of God, he saluted.

Undè es, bone juvenis? Sum, ille inquit,
Whence art thou, O good young man? *I am, he said,*
unus ex Israëlitis.
one out of the Israelites.

Nostine, ait Tobias, viam quæ ducit
Hast thou known, says Tobias, the way which leads
in Mediam? Novi, inqúit, et sæpè usus-sum
into Media? I have known, he says, and often have used
hospitio Gabeli, qui habitat ibi.
with hospitality of Gabel, who dwells there.

Tobias lætus, renunciat ea patri, qui
Tobias glad, relates these things *to father, who*
interrogavit juvenem arcessitum, an vellet
asked young man *sent for, whether he might wish*
esse comes filii et socius itineris, mercede
to be companion of son and partner of journey, reward
promissâ; juvenis respondit se velle id.
being *promised; young* man *answered himself to wish it.*

Itaque Tobias valedixit parentibus, que simul
Therefore Tobias said farewell to parents, and together

ambo dederunt se in viam, et canis secutus-est
both gave themselves into way, and dog followed

eos.
them.

CLIV.

Tobiâ profecto, mater ejus cœpit flere
Tobias having departed, the mother of him began to weep

et acerbé queri, quòd suus vir dimisisset
and bitterly to complain, because her man might have dismissed

filium.
son.

Cur orbâsti nos solatio nostræ senectutis?
Why hast thou bereft us from solace of our old age?

fuit melius carere istâ pecuniâ, ad quam
it was better to be without with that money, to which

recuperandam filius missus-est: erat nobis satis
to be recovered son has been sent: it was to us enough

quòd liceret frui conspectu filii.
that it might be allowed to enjoy with sight of son.

Cui maritus: noli flere, inquit, filius
To whom husband: be unwilling to weep, he says, son

perveniet incolumis in Mediam; incolumis redibit
will arrive safe into Media; safe he will return

ad nos: Deus mittet angelum, qui præstet prosperum
to us: God will send angel, who may afford prosperous

iter ei.
journey to him.

Quibus verbis mulier sedata tacuit.
By which words the woman appeased kept silence.

CLV.

Intereá Tobias et angelus pervenêre ad
In the meantime Tobias and angel arrived to

flumen Tigrim, et quum adolescens accessisset
river Tigris, and when the young man might have approached

ad pedes abluendos, ecce ingens piscis exsiliit,
to feet to be washed, behold huge fish leaped out,

quasi devoraturus illum.
as if about to devour him.

Ad conspectum cujus, Tobias perterritus, exclamavit,
To the sight of which, Tobias frightened, cried out,

Domine, invadit me: cui angelus: apprehende
O Lord, it attacks me: to whom the angel: seize

illum, et trahe ad te.
him, and draw to thee.

Piscis attractus in ripam, aliquandiù palpitavit
Fish drawn upon bank, some little time palpitated

et expiravit.
and expired.

Tunc angelus jussit fel piscis seponi,
Then angel commanded gall of fish to be put aside,

utpotè salutare medicamentum: deindè coxerunt
as salutary remedy: afterwards they cooked

partem carnis comedendam in via.
part of flesh to be eaten in way.

CLVI.

Ut appropinquaverunt urbi, quæ vocabatur Ecbotana,
As they approached to city, which was called Ecbotane,

Tobias dixit Angelo: apud quem vis ut
Tobias said to Angel: at whom wilt thou that

diversemur in hac urbe?
we may lodge in this city?

Cui angelus: est hìc, inquit, quidam
To whom the angel: there is here, he says, a certain

vir, tuus cognatus, nomine Raguel: is excipiet nos
man, thy relation, by name Raguel: he will receive us

hospitio: habet unicam filiam, quam oportet
with hospitality: he has an only daughter, whom it behoves

te ducere uxorem: pete eam à patre, nec dubito
thee to lead a wife: seek her from father, nor I doubt

quin annuat libenter tuæ postulationi; enim Deus
but that he may assent willingly to thy demand; for God

destinat has nuptias tibi, et omnes facultates
destines these nuptials to thee, and all the possessions

Raguelis pervenient ad te jure hæreditario.
of Raguel will arrive to thee by right hereditary.

CLVII.

Raguel lætus excepit eos, qui conspicatus Tobiam
Raguel glad received them, who having viewed Tobias

dixit suæ uxori; quàm similis est hic adoloscens
said to his wife; how like is this young man

meo cognato?
to my relation?

Tum conversus ad hospites: undè estis, boni
Then being turned to guests: whence are ye, O good

juvenes? qui responderunt: sumus ex Israëlitis
young men? who answered: we are out of the Israelites

urbis Ninives. Nostis Tobiam? Novimus..
of the city of Nineve. Have ye known Tobias? We have known.

Tunc Raguel cœpit efferro Tobiam laudibus: quem
Then Raguel began to extol Tobias by praises: whom

angelus interpellans: inquit, Tobias, de quo
the angel interrupting: says, Tobias, concerning whom

loqueris, est pater istius. Raguel complexus
thou speakest, is father of this man. *Raguel having embraced*

adolescentem, ait, gratulor, tibi, mi fili,
young man, says, I congratulate to thee, O my son,

quia es filius boni et optimi viri; uxor
because thou art son of good and of best man; wife

et filia Raguelis collacrymaverunt.
and daughter of Raguel wept together.

CLVIII.

Deindè Raguel jussit convivium apparari,
Afterwards Raguel ordered banquet to be prepared,

que qûum hortaretur hospites ut discumberent;
and when he might exhort guests that they might recline;

neque ego comedam, Tobias inquit, neque bibam,
neither I will eat, Tobias says, nor will I drink,

nisi prius desponderis tuam filiam mihi.
unless before thou shalt have betrothed thy daughter to me.

Cui Raguel: Deus profectò audivit meas
To whom Raguel: God truly has heard my

preces, que adduxit vos hùc, ut ista nuberet
prayers, and has led you hither, that she might marry

suo cognato: quaprǒpter, noli dubitare
to her relation: on which account, be unwilling to doubt

quin sim daturus eam uxorem tibi hodiê.
but that I may be about to give her a wife to thee to-day.

Chartâ, acceptâ, fecerunt conscriptionem conjugii,
Paper being *received, they made agreement of marriage,*

et laudantes Deum, accubuerunt mensæ.
and praising God, reclined to table.

CLIX.

Raguel obtestatus-est Tobiam ut moraretur apud
Raguel besought Tobias that he might delay at

se quindecim dies; obtemperans voluntati cujus,
him fifteen days; complying to wish of whom,

Tobias rogavit Angelum ut solus adiret
Tobias prayed Angel that alone he might go to

Gabelum, que reciperet. paternam pecuniam ab illo.
Gabel, and might receive paternal money from him

Itaque Angelus, camelis sumtis, properavit
Therefore the Angel, camels being *taken, hastened to*

Ragem, reddidit suum chirographum Gabelo, recepit
Rages, he restored his hand-writing to Gabel, he recceived

pecuniam debitam illi, que adduxit eum ad nuptias
money owed to him, and led him to nuptials

Tobiæ.
of Tobias.

CLX.

Intereà Tobias, pater erat animo
In the meantime Tobias the father was with mind

anxio et sollicito, quòd suus filius esset
anxious and solicitous, because his son might be

tardior in redeundo: quaré moratur filius tamdiu?
more slow in returning: wherefore delays son so long?

inquiebat mœrens: Forsitan Gabelus mortuus-est, et
he did say sorrowing: Perhaps Gabel has died, and

est nemo qui reddat istam pecuniam illi:
there is no one who may restore that money to him:

doleo vehementer illum abesse á nobis, que
I grieve vehemently him to be absent from us, and

ipse et uxor ejus cœpêrunt flere.
he himself and wife of him began to weep.

Præsertim luctus matris poterat levari nullo
Especially the grief of mother was able to be eased by no

solatio: hæc quotidié egressa, circuibat omnes
solace: she daily having gone out, did go about all

vias, quá sperabat suum filium esse rediturum,
ways, where she did hope her son to be about to return,

ut, procul, videret eum venietem, si
that, afar off, she might see him coming, if

posset fieri.
it might be able to be done.

CLXI.

Quindecim diebus consumptis, Raguel voluit retinere
Fifteen days being *consumed, Raguel wished to retain*

Tobiam; sed Tobias: oro te, ait, dimitte me
Tobias; but Tobias: I pray thee, he says, dismiss me

quamprimum: enim scis meos parentes
as soon as possible: for thou knowest my parents

nunc angi animo mea causa. Tandem
now to be vexed in mind by my cause. At length

dimissus à socero, cum uxore, redibat
dismissed from father-in-law, with wife, he did return

ad patrem.
to father.

In itinere, Angelus dixit illi: statim ut
In journey, Angel said to him: as soon as

ingressus-fueris domum, adora Deum, et
thou shalt have entered house, adore God, and

complexus patrem, lini oculos ejus felle
having embraced father, bedaub eyes of him with gall

piscis, quod servâsti; tunc oculi ejus
of fish which thou hast kept; then eyes of him

sanabuntur, que pater lætus conspiciet te et
will be cured, and father glad shall behold thee and

cœlum.
heaven.

CLXII.

Dum Tobias appropinquaret, mater ejus, ut
Whilst Tobias might approach, mother of him, as

solebat, sedebat in vertice montis, unde
she was wont, did sit in top of mountain, whence

posset prospicere in longinquum, vidit
she might be able to look forward into far place, *she saw*

illum procul venientem, que currens nunciavit suo
him afar off coming, and running announced to her

viro.
man.

Tunc canis, qui fuerat simul in via, præcucurrit,
Then the dog, who had been together in way, ran before,

et quasi nuncius adveniens adulabatur hero
and as if a messenger coming to did fawn to master

sua cauda.
with his tail.

Confestim, pater consurgens, cœpit offendens
Immediately, the father rising, began stumbling

currere, et manu datâ servo processit
to run, and hand being *given to servant proceeded*

obviam filio. Osculatus-est eum, que ambo cœperunt
opposite to son. He kissed him, and both began

fundere lacrymas præ gaudio.
to pour forth tears on account of joy.

CLXIII.

Quum ambo adoravissent Deum, que
When both might have adored God, and

egissent, gratias ei, consederunt.
might have acted thanks to him, they sat together.

Deinde Tobias linivit oculos patris felle
Afterward Tobias bedaubed eyes of father with gall

piscis, et post fermè dimidiam horam albugo
of fish, and after almost half hour the whiteness

quasi membrana ovi cœpit egredi ex
as if the membrane of an egg began to go out out of

oculis ejus, quam apprehensam filius extraxit,
eyes of him, which being *caught hold of son drew out,*

atque ille statim recepit visum.
and he immediately received sight.

Tunc omnes læti collaudabant Deum: quoque
Then all glad did praise together God: also

propinqui Tobiæ convenerunt, gratulantes ei
relations of Tobias came together, congratulating to him

omnia bona quæ Deus impertierat illi.
all things *good which God had imparted to him.*

CLXIV.

Deinde Tobias narravit parentibus beneficia quæ
Afterwards Tobias related to parents kindnesses which

acceperat ab eo duce itineris, quem
he had received from that leader of journey, whom

putabat esse hominem: quare obtulerunt
he did think to be man: wherefore they offered

illi dimidiam partem pecuniæ quam attulerant.
to him half part of money which they had brought.

Tunc ille dixit eis: Ego sum Raphaël Angelus,
Then he said to them: I am Raphael the Angel,

unus ex septem, qui adstamus ante Deum:
one out of seven, who we stand at before God:

Dominus misit me ut sanarem te: nunc tempus
the Lord sent me that I might cure thee: now time

est ut revertar ad eum a quo missus-sum.
is that I may return to him from whom I have been sent.

Autem vos rependite grates debitas Deo.
But ye repay thanks due to God.

Locutus hæc ablatus-est ab
Having spoken these things he was borne away from

conspectu illorum, nec ultra apparuit.
sight of them, nor farther appeared.

CLXV.

Tobias, postquàm recepisset visum,
Tobias, after that he might have received sight,

vixit duobus et quadraginta annis. Autem morte
lived two and forty years. But death

instante, monuit filium vocatum, ut
pressing on, he advised son being called, that

perseveraret semper in timore Domini. Tum
he might persevere always in fear of Lord. Then

quievit placida morte.
he rested with placid death.

Patre mortuo, Tobias filius perrexit ad suum
Father having died, Tobias son proceeded to his

socerum Raguelem, que coluit illum omni
father-in-law Raguel, and respected him with all

officio.
duty.

Denique, quum attigisset novem et
Lastly, when he might have reached nine and

nonaginta annos, ipse excessit vita. Autem
ninety years, himself departed from life. But

omnes liberi ejus, et nepotes, imitati-sunt
all children of him, and grand-children, imitated

domesticam virtutem, que fuerunt pariter grati et
domestic virtue, and were equally pleasing and

accepti Deo et hominibus.
acceptable to God and to men.

CLXVI.

Hactenus, breviter attigi ea quæ
Thus far, briefly I have touched on those things *which*

spectabant ad Israeliticum regnum: nunc revertor ad
did regard to Israelitish kingdom: now I return to

reges Judæ, a quibus digressus-sum.
kings of Judah, from whom I have digressed.

Abias successit patri Roboamo, qui regnavit
Abias succeeded to father Rehoboam, who reigned

tantum tres annos, que reliquit solium filio Asæ.
only three years, and left throne to son Asa.

Asa fuit gratus Deo ob pietatem: quippe
Asa was pleasing to God for piety: for

evertit aras falsorum numinum, et expulit
he overturned altars of false deities, and expelled

impios suo regno.
impious men *from his kingdom.*

Ob quam causam Deus concessit illi pacem
For which cause God granted to him peace

satis diuturnam.
enough lasting

Tamen postea Asa gessit bellum cum
However afterwards Asa carried on war with

Israelitis, de quibus victis, retulit
Israelites, from whom being *conquered, he brought back*

amplam prædam.
great booty.

CLXVII.

Patre mortuo, Josaphatus cœpit regnare, que
Father having died, Jehosaphat began to reign, and

fuit religiosus cultor Dei: quapropter
was religious worshipper of God: on which account

Deus auxit illum gloriâ et divitiis,
God increased him in glory and in riches,

Josaphatus, tamen, junxit amicitiam cum Achabo,
Jehosaphat, however, joined friendship with Achab,

impio rege Israelitarum; quæ res fuit illi
impious king of Israelitess; which thing was to him

magno damno: nam, copiis conjunctis, pugnârunt
to great loss: for, forces being *joined together, they fought*

adversus regem Syriæ; in prælio Achabus interfectus-est,
against the king of Syria; in battle Achab was slain,

que abfuit parum quin et Josophatus
and there wanted little but that also Jehosaphat

ipse periret, nec, sine divino auxilio,
himself might perish, nor, without divine help,

evasit incolumis. Inde debemus capere
he escaped safe. Thence we ought to take

documentum quam periculosa societas impiorum
instruction how dangerous society of impious men

sit.
may be.

CLXVIII.

Joramus successit patri Josaphato, qui degeneravit
Joram succeeded to father Jehosaphat, who degenerated

à paternà pietate; namque duxit uxorem Athaliam,
from paternal piety; for he led a wife Athalia,

filiam impii Achabi, que fuit similior
daughter of impious Achàb, and was more like

socero quam patri. Consumptus-est gravi
to father-in-law than to father. He was consumed by heavy

morbo quem Deus immiserat.
disease which God had sent on.

Post hunc Ochosias, filius, adeptus-est regnum, nec
After him Ochosias, son, obtained the kingdom, nor

tenuit diu; nam, impulsus exemplo pessimæ matris
held long; for, impelled by example of worst mother

ad vitia, interiit misere.
to vices, he died miserably.

CLXIX.

Ochosiâ mortuo, mater ejus interemit regiam
Ochosias having died, mother of him destroyed royal

stirpem, et occupavit regnum. Tantum unus filius
offspring, and occupied the kingdom. Only one son

Ochosiæ, nomine Joas, ereptus-est promiscuæ
of Ochosias, by name Joas, was snatched from promiscuous

cædi, et occultatus in templo cum nutrice.
slaughter, and concealed in temple with nurse.

Joiadas pontifex aluit hunc in templo clanculum
Joiadas high priest nourished him in temple secretly

atque educavit. Post fere octo annos produxit
and educated. After almost eight years he led forth

regium puerum centurionibus et plebi coram,
royal boy to centurions and to common people openly,

que Athalia occisâ, restituit in regnum.
and Athalia being *killed, he restored into kingdom.*

CLXX.

Joas, quamdiu usus-est consiliis Joiadæ, fuit
Joas, as long as he used with counsels of Joiadas, was

observantissimus divini cultus; exornavit templum
most observant of divine worship; he adorned temple

magnis sumptibus.
with great expenses.

Sed Joiadâ mortuo, corruptus adulatione
But Joiadas having died, corrupted by flattery

aulicorum, deflexit ad vitia, que deseruit veram
of courtiers, he turned away to vices, and deserted true

religionem.
religion.

Immemor beneficii accepti à Joiada, jussit
Unmindful of benefit received from Joiadas, he ordered

filium illius admonentem sapienter, obrui
son of him admonishing wisely, to be overwhelmed

lapidibus.
with stones.

Ipse paulo post necatus à suis
He himself a little after being *killed by his own* people

in lectulo, caruit regiâ sepulturâ.
in little bed, was without royal burial.

CLXXI.

Morte Joæ, regnum devenit ad Amasiam
By death of Joas, kingdom came down to Amasia
filium; is adortus-est Idumeam cum ingentibus copiis,
son; he attacked Idumea with vast forces,
quas collegerat magno sumptu; sed
which he had collected with great expense; but
admonitus-est à Prophetà, ut confideret magis
he was admonished by a Prophet, that he should trust more
divino auxilio quam multidudini militum.
to divine help than to multitude of soldiers.

Itaque parte militum dimissâ, parvâ
Therefore part of soldiers being dismissed, with small
manu conflixit cum hoste et reportavit insignem
band he engaged with enemy and carried back remarkable
victoriam.
victory.

Deinde elatus victoria deseruit Deum, et,
Afterwards elated by victory he deserted God, and,
exercitu amisso, captus-est à rege Samariæ, quem
army being lost, was taken by king of Samaria, whom
temerè lacessiverat.
rashly he had provoked.

CLXXII.

Osias fuit filius et successor Amasiæ. Domuit
Osias was son and successor of Amasias. He subdued
Philistæos; Deo favente, devicit Arabes.
Philistines; God favouring, he conquered the Arabs.

Postea superbia invasit animum ejus; arrogavit
Afterwards pride invaded mind of him; he arrogated
munus sacerdotum sibi; ausus-est offerre thus
office of priests to himself; he dared to offer incense
Deo, quod erat fas sacerdotibus solis; que
to God, which was lawful to priests alone; and
quum admonitus à pontifice, paruisset
when admonished by high priest, he might have obeyed
non, correptus-est turpi morbo quem vocant
not, he was seized by shameful disease which they call
lepram,
leprosy.

Quare coactus-est relinquere procurationem
Wherefore he was compelled to leave management

regni filio Joathæ, qui administravit imperium
of kingdom to son to Joath, who managed empire

rectè.
rightly.

CLXXIII.

Achas filius Joathæ fuit impius in Deum;
Achas son of Joath was impious unto God;
coluit numina gentium. Civitas ipsa
he worshipped deities of nations. The state itself

brevi secuta-est exemplum Regis.
in short time *followed example of King.*

Ob quam causam invisus Deo accepit
For which cause being *hateful to God he rceived*

magnam cladem ab regibus Samariæ et Syriæ;
great defeat from kings of Samaria and of Syria;

nec calamitas revocavit illum ad meliorem mentem.
nor calamity recalled him to better mind.

Puduit non eum petere auxilium ab Assyriis,
It shamed not him to seek help from Assyrians,

que mittere aurum et argentum ablatum à templo
and to send gold and silver taken away from temple

regi illorum dono: rex Assyriorum venit,
to king of them to a gift: king of Assyrians came,

et primum quidem profligavit hostes ejus qui
and first indeed routed enemies of him who

advocaverat se, sed deinde etiam vastavit regnum
had called him, but afterwards also laid waste kingdom

ipsius.
of himself,

CLXXIV.

Ezechias floruit singulari pietate, statim ut
Ezechias flourished with singular piety, as soon as

potitus-est regno, cohortatus populum et
he obtained with kingdom, having exhorted people and

sacerdotes, expiavit urbem à paternis superstitionibus,
priests, he expiated city from paternal superstitions,

ornavit templum, restituit ceremonias quæ
he ornamented temple, he restored ceremonies which

fuerant omissæ jampridem.
had been omitted for a long time.

Nec fuit virtus minor ei in bello gerendo
Nor was virtue less to him in war to be carried on

quam pietas in tuendâ religione: Contudit
than piety in defending religion: He beat

Philistæos multis præliis, que liberavit Judæos à
Philistines in many battles, and liberated Jews from

tributis quæ pendebant Assyriis.
tributes which they did pay to Assyrians.

CLXXV.

Iisdem temporibus Ezechias incidit in gravem
In same times Ezechias fell in into heavy

morbum: que quum Isaias propheta denunciasset
disease: and when Isaias prophet might have denounced

illi finem vitæ adesse, rex oravit Deum
to him end of life to be present, king prayed God

cum lacrymis, adimeret ne vitam sibi.
with tears, he might take away not life from himself.

Precibus ejus et lacrymis, Deus motus,
By prayers of him and by tears, God being *moved,*

concessit illi usuram quindecim annorum; atque ad
conceded to him use of fifteen of years; and to

fidem faciendam, umbra solis, rege ita postulante,
faith to be made, shadow of sun, king so requiring,

regressa-est per decem lineas in horologio ejus.
went back through ten lines in dial of him.

Tertio die post, Ezechias sanatus adiit templum.
On third day after, Ezechias cured went to temple.

CLXXVI.

Rex Assyriorum intulit bellum Ezechiæ:
King of Assyrians bore on war to Ezechias:

cinxit Hierosolymam obsidione, minitans
he surrounded Jerusalem with siege, threatening often

exeidium urbis, nisi cives consulerent
destruction of city, unless citizens might consult

sibi maturâ deditione.
to themselves by early surrender.

In hoc statu rerum Isaias cofirmavit Ezechiam,
In this state of things Isaias confirmed Ezechias,

pollicitus divinum auxilium non defuturum,
having promised divine assistance not about to be wanting,

que obsidionem solutum-iri brevi.
and siege to be about to be dissolved in short time.

Et vero, nocte sequenti, Angelus Dei dedit
And truly, in night following, Angel of God gave

centum octoginta quinque millia hostium letho.
hundred eighty five thousands of enemies to death.

Rex Assyriorum trepidus fugit in patriam, que
King of Assyrians fearful fled into country, and

ibi paulo post occissus-est à filiis.
there in a little after was slain by sons.

CLXXVII.

Ezechias, liberatus tanto periculo, in summa
Ezechias, liberated from so great danger, in highest

pace egit reliquum tempus vitæ: omnia cedebant
peace acted rest time of life: all things *did yield*

illi feliciter, quia Deus favebat illi: ipse
to him happily, because God did favour to him: himself

obligatus tot divinis beneficiis mansit eâdem
obliged by so many divine benefits remained in same

pietate constanter; posuit omnem suam spem in
piety constantly; he placed all his hope in

auxilio Dei: intendit semper animum iis
assistance of God: he stretched always mind to those

rebus quæ placebant Deo.
things which did please to God.

Regnavit novem et viginti annos, quibus
He reigned nine and twenty years, which

exactis, decessit placidâ morte. Populus
being *completed, he departed with placid death. People*

luxit eum, et corpus ejus collocatum-est inter
mourned him, and body of him was placed among

sepulchra avorum regum loco editiore.
sepulchres of anestors of kings in place more lofty.

CLXXVIII.

Manasses successit Ezechiæ, impius filius religiosi
Manasseh succeeded to Ezechias, impious son of religious

patris. Is, cultu veri Dei relicto, adoravit
father. He, worship of true God being left, adored

falsa numina.
false deities.

Crudelitas accessit ad impietatem; enim quum
Cruelty approached to impiety; for when

Isaias Propheta denunciasset divinam iram
Isaiah Prophet might have denounced divine anger

illi, rex, percitus furore, jussit prophetam
to him, king, excited by fury, ordered prophet

secari ligneâ serrâ.
to be cut with wooden saw.

Deus ultus-est necem sui vatis brevi, quo
God avenged death of his prophet in short time, *and*

Manasses victus, captus-est ab Assyriis, et
Manasseh being *conquered, was taken by Assyrians, and*

conjectus in vincula.
cast into bonds.

Ibi, edoctus calamitate, petiit veniam scelerum
There, taught by calamity, he sought pardon of crimes

suppliciter a Deo, et impetravit: restitutus
suppliantly from God, and obtained: being *restored*

in regnum coluit Deum piè.
into kingdom he worshipped God piously.

CLXXIX.

Amon, filius Manassis, imitatus-est paternam impietatem,
Amon, son of Manasseh, imitated paternal impiety,

vero non pœnitentiam.
but not penitence.

Regnavit non ultra biennium, et
He reigned not beyond the space of two years, and

interfectus-est a suis domi. Cui
he was slain by his own people *at home. To whom*

Josias, sanctus et religiosus vir, successit: is
Josias, holy and religious man, succeeded: he

deditus virtuti a puero, revocavit populum ad
given up to virtue from boy, recalled people to

legitimum cultum.
legitimate worship.

At deinde inconsiderata fiducia perdidit
But afterwards inconsiderate confidence destroyed

illum: nam duxit exercitum contra Ægyptios, que
him: for he led army against Egyptians, and

admonitus a Deo ut abstineret prælio,
admonished by God that he should abstain from battle,

nihilominus dimicavit acie. Itaque, re
nevertheless he fought in line. Therefore, thing

gesta male, accepit vulnus, et mortuus-est
being *carried on ill, he received wound, and he died*

paucis diebus post.
in few days after.

CLXXX.

Josias moriens reliquit tres filios: ex his
Josias dying left three sons: out of these

Joachas regnavit duntaxàt tres menses: càptus-est
Joachas reigned only three months: he was taken

bello rege Assyriorum.
in war by king of Assyrians.

Jechonias suffectus-est in locum Joachæ, quo
Jechonias was substituted into place of Joachas, who

regnante, Nabuchodonosor, rex Babyloniorum, expugnavit
reigning, Nebuchadnezzar, king of Babylonians, reduced

Hierosolymam, transtulit cives Babylonem, vili
Jerusalem, transferred citizens to Babylon, the vile

plebecula relicta, qui præfecit Sedeciam
little common people being *left, who appointed over Sedecias*

postremum Regem.
last King.

Quum Sedecias rebellasset, Nabuchodonosor
When Sedecias might have rebelled, Nebuchadnezzar

reversus, diruit urbem, incendit templum,
having returned, pulled down city, burned temple,

misit Sedeciam in carcerem, oculis prius effossis.
sent Sedecias into prison, eyes before being *dug out.*

CLXXXI.

Inter captivos, qui fuerant abducti Babylonem,
Among captives, who had been led away to Babylon,
pueri eximia formâ delecti-sunt, Daniel, Ananias,
boys with choice form were chosen, Daniel, Ananias,
Misaël, et Azarias: hi, cum multis aliis,
Misaël, and Azarias: these, with many others,
educabantur in regia ipsa, ut postea
were educated in palace itself, that afterwards
consisterent ad mensam regis, que
they might stand together to table of king, and
ministrarent ei accumbenti.
might serve to him reclining.

Nabuchodonosor jusserat eos, quo
Nebuchadnezzar had ordered them, in order that
essent meliore vultu, ali
they might be with better countenance, to be nourished
iisdem cibis quibus ipse vescebatur; at
with same foods with which he himself did feed; but
illi generosi pueri, noluerunt uti profanis
those generous boys, willed not to use with prophane
cibis, quia lex vetabat id, sed
foods, because law did forbid that, but
leguminibus solis: attamen, facti-sunt robustories
with vegetables alone: however, they were made more robust
ac nitentiores cæteris pueris cum quibus
and more shining than other boys with whom
nutriebantur.
they were nourished.

CLXXXII.

Nabuchodonosor posuit sibi auream statuam, quam
Nebuchadnezzar placed to himself golden statue, which
jussit adorari ab omnibus, pœna mortis
he commanded to be adored by all, punishment of death
proposita iis qui nollent parere.
being proposed to those who might will not to obey.

Ananias, Misaël, et Azarias maluerunt mori
Ananias, Misael, and Azarias wished rather to die
quam deferre honorem statuæ debitum Deo soli.
than to bear honor to statue due to God alone.

Rex iratus, conjecit eos vestitos, et vinctos
King angry, cast them clothed, and bound

catenis, in ardentem fornacem, sed flamma nocuit
in chains, into burning furnace, but flame hurt

illis nihil: nec ignis adusit corpus, nec quidem
to them nothing: nor fire burned body, nor indeed

mutavit vestes, at tantummodo solvit vincula
changed garments, but only loosed bonds

quibus constringebantur; ita ut
with which they were bound together; so that

ambularent illæsi in media fornace.
they might walk unhurt in middle furnace.

CLXXXIII.

Daniel valebat plurimum gratia ob singularem
Daniel did prevail very much in favour for singular

prudentiam: quapropter erat invisus aulicis,
prudence: on which account he was hateful to courtiers,

qui parabant insidias ei: suaserunt regi
who did prepare snares to him: they persuaded to king

ut vetaret edicto quemquam coli,
that he might forbid by decree any one to be worshipped,

nisi se, per triginta dies.
unless himself, through thirty days.

Daniel paruit non impio edicto, sed quotidie
Daniel obeyed not to impious edict, but daily

precabatur Deum, uti consueverat facere ante.
did pray God, as he had been used to do before.

Aulici explorantes accusaverunt eum, que rex
The courtiers searching out accused him, and king

coactus-est objicere hominem, carum sibi, leonibus,
was forced to cast man, dear to himself, to lions,

nam ita lex ferebat.
for so law did bear.

Sed feræ pepercerunt Danieli, que rex
But wild beasts spared to Daniel, and king

commotus miraculo tradidit accsatores ipsos
moved by miracle delivered accusers themselves

devorandos leonibus.
to be devoured by lions.

CLXXXIV.

Mardochæus, unus ex captivis, liberavit Judæos
Mordecai, one out of captives, liberated Jews

é magno periculo. Educaverat filiam sui
out of great danger. He had educated daughter of his

fratris, orbam utroque parente, nomine Estherem.
brother, bereft from either parent, by name Esther.

Rex Assuerus duxerat hanc uxorem et diligebat
King Ahasuerus had led her a wife and did love

valdè.
very much.

Quidam aulicus, nomine Aman, erat tunc gratiosus
A certain courtier, by name Aman, was then in favour

apud regem, qui, superbiens regio favore,
with king, who, priding himself with regal favour,

volebat se adorari; quod Mardochæus renuens
did will himself to be adored; which Mordecai refusing

facere, accenderat grave odium Amanis in
to do, had inflamed heavy hatred of Aman against

se.
himself.

Aman statuit perdere universam gentem Judæorum
Aman determined to destroy whole nation of Jews

causa ulciscendi inimici, que impetravit
for the sake of taking vengeance of enemy, and he obtained

edictum de eâ re ab Assuero.
edict concerning that thing from Ahasuerus.

CLXXXV.

Ubi crudele edictum pervenit ad aures Mardochæi,
When cruel edict arrived to ears of Mordecai,

statim, vestibus scissis, induit saccum, que
immediately, garments being cut, he put on sackcloth and

conspersus cinere perrexit ad regiam, et
sprinkled with ashes he proceeded to palace, and

implevit eam questibus.
he filled it with complaints.

Voce lamentantis audita, Esther quæsivit
Voice of him complaining being heard, Esther inquired

quid istud rei esset: ut cognovit
what that of thing might be: when she knew

Mardochæum que omnes Judæos esse destinatos neci,
Mordecai and all Jews to be destined to death,

Deo invocato, adiit regem, deprecatura
God being called upon, she went to king, about to deprecate

ruinam suæ gentis. Tamen aperuit non
ruin of her nation. However she opened not

continuò rem regi, sed invitavit eum ad
immediately thing to king, but she invited him to

convivium.
banquet.

CLXXXVI.

Assuerus venit ad convivium cum Amane, et quum
Ahasuerus came to banquet with Aman, and when

esset hilari animo, Esther, supplex, abjecit
he might be in merry mind, Esther, suppliant, threw down

se ad pedes illius.
herself to feet of him.

Cui rex promisit se negaturum nihil
To whom king promised himself about to deny nothing

ei, etiamsi peteret dimidiam partem sui
to her, even if she should ask half part of his

regni.
kingdom.

Tum Esther: O rex, precor meam (salutem), que
Then Esther: O king, I pray my (safety), and

salutem meæ gentis; nam iste crudelis Aman
safety of my nation; for that cruel Aman

devovit nos neci.
has devoted us to death.

Quâ re rex Assuerus permotus-est, que
By which thing king Ahasuerus was moved, and

audiens crucem paratam-esse ab eo Mardochæo,
hearing cross to have been prepared by him to Mordecai,

jussit Amanem ipsum affigi eidem
he commanded Aman himself to be affixed to same

cruci.
cross.

CLXXXVII.

Babylonica captivitas duravit per septuaginta annos,
Babylonian captivity lasted through seventy years,

que Deus prædixerat id.
and God had foretold it.

Postquam illud tempus effluxit, Rege Babyloniorium
After that that time flowed out, King of Babylonians

devicto, Cyrus Rex Persarum, fecit potestatem
being *conquered, Cyrus King of Persians, made power*

Judæis remigrandi in patriam, que restituendi
to Jews of remigrating into country, and of restoring

templum; jussit etiam sacra vasa reddi
temple; he commanded also sacred vessels to be returned

quæ Nabuchodonosor abstulerat.
which Nebuchadnezzar had taken away.

Itaque Judæi regressi-sunt Hierosolymam, Zorobabele
Therefore Jews returned to Jerusalem, Zorobabel

duce, et jecerunt prima fundamenta novi
being *leader, and cast first foundations of new*

templi; sed ædificatio fuit intermissa diù,
temple; but building was intermitted for a long time,

quia vicinæ gentes impediebant illam.
because neighbouring nations did impede it.

CLXXXVIII.

Judæi reversi in patriam, statu urbis
Jews having returned into country, state of city

composito, habuere non jam reges, sed imperium
being *composed, had not now kings, but government*

fuit penès pontifices: tamen pensitârunt
was in power of high priests: notwithstanding they paid often

tributa, primùm Persis, deindè Græcis, post
tributes, first to Persians, afterwards to Greeks, after

Darium devictum ab Alexandro.
Darius being *subdued by Alexander.*

Nec deinceps unquàm desciverunt ab avita
Nor henceforwards ever they revolted from ancient

religione, quamvis de ea causa fuerint
religion, although concerning that cause they may have been

vexati à pluribus regibus, ac præsertim ab Antiocho,
vexed by more kings, and especially by Antiochus,

rege Syriæ: quæ pars Judaicæ historiæ nunc
king of Syria: which part of Jewish history now

venit narranda.
comes to be related.

CLXXXIX.

Antiochus, rex Syriæ, aggressus-est evertere
Antiochus, king of Syria, attempted to overturn

sacram legem Judæorum: edixit, ut, institutis
sacred law of Jews: he proclaimed, that, institutes

suorum majorum relictis, omnes viverent
of their greaters being *left, all should live*

ritu Gentilium; extruxit aras falsis diis per
by rite of Gentiles; he erected altars to false gods through

universam Judæam: detraxit omnia ornamenta
universal Judea; he drew away all ornaments

Hierosolymitani templi: jussit sacros libros
of Jerusalemitish temple: he commanded sacred books

comburi: affecit reluctantes
to be burned together: he affected those *resisting*

inauditis suppliciis: vastavit urbem
with unheard of punishments: he laid waste city

innumerâ cæde; ac, ne Judæi, oppressi
with innumerable slaughter; and, lest Jews, oppressed

tot malis, rebellarent, collocavit præsidium in
by so many evils, should rebel, he placed guard in

arce.
citadel.

CXC.

Multi ex Judæis deseruerunt patriam causa
Many out of Jews deserted country by cause

periculi declinandi: multi oppetierunt mortem,
of danger to be shunned; many sought death,

potiùs quam discederent a divina lege.
rather than they would depart from divine law.

Constantia senis Eleazari fuit insignis; is
Constancy of old Eleazar was remarkable; he

compellebatur comedere suillam carnem, ore
was compelled to eat swinish flesh, mouth

aperto, qua lex interdicebat Judæis.
being *opened, with which law did interdict to Jews.*

At fortissimus vir, indignans, respuebat
But most brave man, indignant, did spit out

vetitum cibum; ob quam rem quúm
forbidden food; for which thing when

duceretur ad supplicium, sui amici hortabantur
he might be led to punishment, his friends did exhort

eum ut comedendo aliam carnem, quam
him that by eating other flesh, which

attùlerant, simularet se paruissé
they had brought, he might pretend himself to have obeyed

regi, que sic vitaret mortem.
to king, and thus he might avoid death.

CXCI.

Eleazarus noluit assentiri suadentibus
Eleazar willed not to assent to those *persuading*

pravam rem; inquit, ista simulatio convenit
wicked thing; he says, that pretence suits

non nostræ ætati: committam non ut relinquam
not to our age: I will commit not that I may leave

periculosum exemplum adolescentibus; est multò
dangerous example to young men; it is by much

satius perire, quám propter brevem usuram
better to perish, than on account of short use

vitæ inurere notam turpitudinis meo nomini.
of life to burn in mark of baseness to my name.

Si obsequar vestro consilio, quidem
If I may comply to your counsel, indeed

eripiar suppliciis hominum: sed
I shall be snatched from punishments of men: but

effugiam non divinam iram.
I shall fly from not divine anger.

His dictis, subiit mortem fortiter,
These things being *said, he underwent death boldly,*

que consecutus-est æternam gloriam.
and obtained eternal glory.

CXCII.

Quædam mulier cum septem filiis secuta-est præclarum
Certain woman with seven sons followed famous

exemplum Eleazari.
example of Eleazar.

Omnes hi simul comprehensi-sunt et cæsi
All these together were seized and beaten

virgis, ut adigerentur ad peccandum, sed
with rods, that they might be forced to sinning, but

nulla vis potuit abducere eos à
no force was able to lead away them from

divina lege. Maximus natu illorum declaravit
divine law. The greatest by birth of them declared

se que suos fratres esse paratos mori magis
himself and his brothers to be prepared to die more

quam committere culpam.
than to commit fault.

Rex iratus jussit æneas ollas succendi;
King angry commanded brazen pots to be lighted under;

tum linguam amputari ei qui locutus-fuerat,
then tongue to be cut off to him who had spoken,

cutem capitis detrahi, summas manus ac
skin of head to be drawn off, highest hands and

pedes præcidi, et truncum corpus torreri
feet to be cut off, and mutilated body to be roasted

in olla.
in pot.

Cæteri fratres, cum matre, aderant tristi
The other brothers, with mother, were present to sad

spectaculo, que hortabantur se invicem ad
sight, and did exhort themselves mutually to

mortem tolerandam fortiter.
death to be borne bravely.

Tum secundus comprehensus-est, et post cutem
Then second was seized, and after skin

capitis detractam cum capillis, interrogatus
of head being *drawn off with hairs,* being *interrogated*

num vellet edere carnem oblatam, negavit
whether he might wish to eat flesh offered, he denied

se facturum id: quapropter membris præcæsis,
himself about to do it: wherefore limbs being cut,

missus-est in ardentem ollam. Quum ageret
he was sent into burning pot. When he might act

extremum spiritum, conversus ad regem; ait, tu
last spirit, being *turned to king; he says, thou*

quidem eripis hanc vitam nobis; sed Deus reddet
indeed snatchest this life from us; but God will restore

nobis amissam, pro lege cujus profundimus eam.
to us it *lost, for law of whom we pour forth it.*

Post hunc tertius cruciatus-est similiter;
After this third was tormented likewise;

protulit linguam postulanti amputandam, que
he proffered tongue to him *asking to be cut off, and*

protendens, manus, dixit, contemno hæc membra,
stretching forth hands, he said, I despise these limbs,

accepta a Deo, nunc propter Deum,
received from God, now on account of God,

quia spero fore ut recuperem ea.
because I hope to be about to be that I may recover them.

Rex, et alii circumstantes, admirabantur
King, and others standing around, did admire

animum adolescentis, qui ducebat acerbissimum dolorem
mind of young man, who did lead most bitter pain

pro nihilo
for nothing.

Hoc extincto, quartus necatus-est eodem
This being *extinct, fourth was killed by same*

supplicio: quùm jam esset proximus morti,
punishment: when now he might be nearest to death,

dixit; est optabile nobis dari letho,
he said; it is desireable to us to be given to death,

quoniam immortalitas consequetur mortem oppetitam pro
since immortality will follow death sought for for

divina lege.
divine law.

Quùm quintus torqueretur à carnificibus, sic
When fifth might be tortured by executioners, thus

locutus-est: Abuteris, O Rex, tuâ potestate;
he spoke: Thou abusest, O King, with thy power;

scilicet, putas nos omninò esse derelictos à
namely, thou thinkest us altogether to be forsaken by

Deo, et destitutos omni ope, atque idcirco
God, and destitute from all help, and therefore

opprimis nos innumeris malis, sed mox
thou oppressest us by innumerable evils, but soon

es ipse experturus vim divinæ
thou art thyself about to experience force of divine

potentiæ.
power.

Sextus pari constantia pertulit verbera et
Sixth with like constancy bore stripes and

tormenta, quibus penè confectus compellavit sic
torments, by which almost worn out he addressed thus

regem : noli errare et gloriari nostris malis,
king: be unwilling to err and to boast in our evils,

nos patimur hæc propter nostra peccata;
we suffer these things on account of our sins;

at brevi redibimus in gratiam cum
but in short time we shall return into favour with

Deo: verò tu dabis gravissimas pœnas
God: but thou shalt give heaviest penalties

superbiæ et istius crudelitatis.
of pride and of that cruelty.

Ex septem fratribus unus tantum superfuerat, minimus
Out of seven brothers one only did survive, least

natu. Quem Antiochus cœpit illicere ut
by birth. Whom Antiochus began to allure that

desereret legem, affirmans eum fore
he might forsake law, affirming him to be about to be

divitem et beatum; sed adolescens movebatur nec
rich and happy: but young man was moved neither

minis nec promissis.
by threats nor by promises.

Quaré rex hortatus-est matrem, ut
Wherefore king exhorted mother, that

suaderet filio facere imperata. Illa, irridens
she should persuade to son to do commands. She, deriding

crudelem tyrannum, sic allocuta-est filium; miserere
cruel tyrant, thus spoke to son; pity

tuæ matris, quæ gestavi te utero, quæ
of thy mother, who have borne thee in womb, who

alui te natum lacte: noli
have nourished thee born with milk: be unwilling

degenerare â fraternâ virtute; noli timere
to degenerate from brotherly virtue; be unwilling to fear.

istum carnificem. Time unum Deum, intuere Deum
that executioner. Fear one God, look on God

à quo recipies mercedem.
from whom thou shalt receive reward.

Adolescens confirmatus his verbis exclamavit:
Young man confirmed by these words exclaimed:

Obsequor non regi sed legi: tum conversus ad
I comply not to king but to law: then being *turned to*

Antiochum: tu quidem, O scelestc, effugies non
Antiochus: thou indeed, O wicked man, *shalt escape not*

iram omnipotentis Dei: erit tempus quúm
anger of omnipotent God: there will be time when

percussus ab eo, et victus dolore, confiteberis
struck by him, and conquered by pain, thou shalt confess

te esse hominem. Nisi nostra gens
thyself to be man Unless our nation

peccavisset, in Deum, incidissemus
might have sinned against God, we should have fallen in

nunquam in has miserias, sed mox Deus, placatus
never into these miseries, but soon God, appeased

meo sanguine, que meorum fratrum, reconciliabitur
by my blood, and of my brothers, shall be reconciled

nostræ genti, et donabit nos æterna vita post
to our nation, and will gift us with eternal life after

mortem toleratam patienter.
death borne patiently.

Tum Antiochus ferens indigne se esse
Then Antiochus bearing indignantly himself to be

derisum, desæviit in adolescentulum crudelius
mocked, raged against very young man more cruelly

quam etiam in cæteros, et necavit illum
than even against others, and killed him

exquisito supplicio.
with exquisite punishment.

Denique cumulavit cædem septem fratrum
Lastly he heaped up slaughter of seven brothers

nece matris. Hæc mulier, planè admirabilis,
with death of mother. This woman, evidently admirable,

et digna sempiterna memoria, postquam adjuverat
and worthy with eternal memory, after that she had helped

et aspectu et verbis filios certantes: postquam
and with sight and with words sons contending: after that

conspexerat morientes magno animo, ipsa
she had viewed them *dying with great mind, she herself*

subiit diram mortem, que commiscuit suum
underwent cruel death, and mixed together her

sanguinem cum sanguine filiorum
blood with blood of sons.

CXCIII.

Erat tunc sacerdos Hierosolymæ, nomine
There *was then priest of Jerusalem, by name*

Mathathias, cum quinque filiis, Juda, Jonatha,
Mattathias, with five sons, with Judas, with Jonathan,

Eleazaro, et Joanne. Hi, urbe relictà,
with Eleazar, and with John. These, city being *left,*

ne viderent mala quibus ea conflictabatur,
lest they might see evils by which it was afflicted;

secesserunt in solitudinem.
withdrew into solitude.

Eò confluxit multitudo hominum, quibus
Thither flowed together multitude of men, to whom

divinæ leges erant cordi, que brevi crevit
divine laws were to heart, and in short time *it increased*

ad speciem justi exercitus.
to appearance of just army.

Tunc, Mathathia duce, statuerunt liberare
Then, Mattathias being *leader, they resolved to liberate*

patriam armis, et tueri religionem: itaque
country by arms, and to defend religion: therefore

everterunt aras erectas passim falsis
they overturned altars erected every where to false

numinibus, que restituerunt neglectum cultum veri
deities, and they restored neglected worship of true

Dei.
God.

CXCIV.

Interea Mathathias mortuus-est, que moriens
In the mean time Mattathias died, and dying

præfecit exercitui Judam filium, qui dictus-est
set over to army Judas son, who was called
Machabæus.
Maccabeus.

Is persecutus-est strenuè bellum susceptum à
He followed up strenuously war undertaken by
patre. Implevit omnia munia ducis egregie,
father. He fulfilled all offices of leader excellently,
fretus divino auxilio quod invocaverat; expugnavit
relying on divine aid which he had invoked; he reduced
castella, munivit urbes præsidiis, vicit
castles, he fortified cities with guards, he conquered
Apollonium, unum ex præfectis Antiochi, et
Apollonius, one out of lieutenants of Antiochus, and
ipse interfecit suâ manu in acie, que deinceps
himself slew with his hand in battle, and afterwards
usus-est in præliis gladio ejus quem
he used in battles with sword of him which
detraxerat illi.
he had drawn away from him.

CXCV.

Antiochus ubi audivit Apollonium fuisse
Antiochus when he heard Apollonius to have been
victum, exarsit irâ; dedit mandatum
conquered, he burnt forth with anger; he gave command
Lysiæ, ut vastaret Judæam, que
to Lysias, that he should lay waste Judea, and
deleret universam gentem.
should destroy universal nation.

Lysias misit Nicanorem et Georgiam adversus Judæos,
Lysias sent Nicanor and Georgias against Jews,
quibus dedit quadraginta millia peditum
to whom he gave forty thousands of foot soldiers
et septem equitum; hi posuerunt castra non
and seven of horse-men; these placed camps not
longe ab urbe Hierosolyma.
far from city Jerusalem.

Judas, omnis spes cujus erat posita in Deo,
Judas, every hope of whom was placed in God,

dubitavit non committere prælium cum tribus millibus
doubted not to commit battle with three thousands

hominum. Tam exiguâ manu prostravit copias
of men. With so small body he overthrew forces

regis, et potitus-est ingenti prædâ.
of king, and he gained with vast booty.

CXCVI.

Hæc clades nunciata-est Lysiæ, qui existimans
This defeat was announced to Lysias, who thinking

id accidisse culpâ imperatorum, ipse
that to have happened by fault of commanders, himself

statuit ducere exercitum. Igitur venit in
determined to lead army. Therefore he came into

Judæam cum sexaginta quinque millibus hominum.
Judea with sixty five thousands of men.

Judas habebat tantùm decem millia hominum,
Judas had only ten thousands of men,

tamen processit adversùs Lysiam, et divino
however he proceeded against Lysias, and divine

auxilio invocato prius, conflixit cum hoste.
assistance being *invoked before, he engaged with enemy.*

Cecidit quinque millia hominum de exercitu
He slew five thousands of men from army

Lysiæ: perterruit reliquos adeó ut
of Lysias: he frightened rest so that

versi-sint in fugam.
they may have been turned into flight.

CXCVII.

Hostibus pulsis, Judas intendit animum divino
Enemies being *beaten, Judas stretched mind to divine*

cultui restituendo: rediit victor in urbem
worship to be restored: he returned victorious into city

Hierosolymam, quæ præbebat fœdam speciem sui.
Jerusalem, which did afford foul appearance of itself.

Portæ templi erant exustæ, altare pollutum, virgulta
Gates of temple were burnt up, altar polluted, shrubs

in atriis enata quasi in saltu. Judas purgavit
in halls having grown up as if in wood. Judas purified

omnia, refecit portas, erexit novum altare,
all things, he repaired gates, he erected new altar,

dedicatio cujus facta-est magnâ frequentiâ totius
dedication of which was made with great crowd of whole

populi, tubis clangentibus, que decretum ad sempiternam
people, trumpets sounding, and decreed to everlasting

memoriam rei solennem diem celebratum-iri
memory of thing solemn day to be about to be celebrated

quotannis.
yearly.

CXCVIII.

Vicinæ gentes, concitatæ ob restitutum
Neighbouring nations, roused on account of restored

templum, intulerunt bellum Judæis: Judas Machabæus
temple, brought war to Jews: Judas Machabæus

dimicavit contra illas: in eo prælio Deus præbuit
fought against them: in that battle God afforded

se manifestum adjutorem Judæ; nam inter
himself manifest helper of Judas; for between

pugnandum, quinque viri insignes equis et
fighting, five men remarkable with horses and

virtute apparuerunt, duo quorum habentes Judam
with virtue appeared, two of whom having Judas

medium servabant incolumem, verò jaciebant tela
middle did keep safe, but they did cast weapons

et fulmina in hostes: undè illi, turbati
and lightnings into enemies: whence they, disturbed

oculis et mente, interfecti-sunt ad viginti quinque
in eyes and in mind, were slain to twenty five

millia.
thousands.

CXCIX.

Antiochus, ut cognovit suos duces fuisse
Antiochus, when he knew his leaders to have been

devictos a Juda Machabæo, amens furore, contendit
conquered by Judas Machabæus, mad by fury, he proceeded

citato curru in Judæam ulturus acceptam
with hastened chariot into Judea about to revenge received

cladem excidio gentis et urbis.
defeat by destruction of nation and of city.

At subitus dolor viscerum immissus a Deo corripuit
But sudden pain of bowels sent on by God seized
illum, que quum nihilominus acceleraret cursum
him, and when nevertheless he might hasten course
decidit graviter è curru, gravis casus affixit
he fell down heavily out of chariot, heavy fall fixed
corpus jam valdè ægrum: unde factum-est membra
body already very sick: whence it was made limbs
corrupta scaterent vermibus, et emitterent
corrupted might abound with worms, and might send out
fœtorem laté, intolerabilem exercitui et ægro
stench awide, intolerable to army and to sick man
ipsi.
himself.

CC.

Antiochus tandem victus acerbitate doloris,
Antiochus at length conquered by bitterness of pain,
rediit ad sanam mentem: agnovit se esse
returned to sound mind: he recognized himself to be
mortalem, et recordatus malorum quibus
mortal, and having recollected of evils with which
affecerat Judæos, confessus-est aperte se luere
he had affected Jews, he confessed openly himself to-pay
pœnas suorum scelerum: promisit se
punishments of his crimes: he promised himself
facturum Judæos florentes que beatos.
about to make Jews flourishing and happy.

Sed quia metus mortis extorquebat omnia
But because fear of death did extort all
ea ipsi, non vera pœnitentia, impius rex
these things *from him, not true penitence, impious king*
et homicida flexit non divinam misericordiam, et
and homicide bent not divine mercy, and
morbo ingravescente in horas, interiit miserè.
disease growing heavier into hours, he perished miserably.

CCI.

Filius successit Antiocho, cui nomen fuit
Son succeeded to Antiochus, to whom name was
Eupator. Hic hæres paterni odii in Judæos
Eupator. He heir of paternal hatred towards Jews

misit Lysiam contra eos, qui jam semel victus
sent Lysias against them, who already once conquered

à Judâ, cupiebat eluere hanc maculam.
by Judas, did desire to wash out this stain.

Judas confugit ad divinam opem, uti solebat
Judas fled to divine assistance, as he was wont

facere, que oravit Dominum ut mitteret Angelum
to do, and prayed the Lord that he should send Angel

in adjutorem populi.
into helper of people.

Deinde armis sumptis, progressus-est obviam
Afterwards arms being *taken, he advanced opposite*

hosti cum suis. Tunc eques visus-est ante
to enemy with his soldiers. *Then horseman was seen before*

aciem Judæorum, indutus candidâ veste, aureis armis,
line of Jews, clad in white garment, in golden arms,

vibrans hastam.
vibrating lance.

Quo prodigio Judæi confirmati, more
By which prodigy Jews being *confirmed, in manner*

leonum irruerunt in hostes, et prostraverunt undecim
of lions rushed on into enemies, and overthrew eleven

millia peditum, mille et sexcentos
thousands of foot soldiers, a thousand and six hundred

equites.
horsemen.

CCII.

Rex ipse, Eupator, collegit omnes vires sui
King himself, Eupator, collected all forces of his

regni ad Judam Machabæum opprimendum; itaque
kingdom to Judas Machabæus to be oppressed; therefore

cum centum millibus peditum et viginti
with hundred thousands of foot soldiers and with twenty

millibus equitum, ingressus-est in Judæam.
thousands of horsemen, he entered into Judea.

Elephanti præibant, terribiles vastâ mole
Elephants did go before, terrible with vast mass

corporis et stridore horrendo: ligneæ turres
of body and with noise to be dreaded; wooden towers,

erant impositæ singulis belluis, ex quibus armati
were placed upon to each beasts, out of which armed

milites pugnabant.
soldiers did fight.

Sed Judas qui confidebat divinæ potentiæ magis
But Judas who did confide to divine power more

quàm numero militum, fuit non commotus isto
than to number of soldiers, was not moved by that

terrifico apparatu belli; irruit in eam
terrible preparation of war; he rushed on into that

partem hostilium castrorum, ubi erat tabernaculum
part of hostile camps, where was tent

regis, et quatuor millibus hominum occisis,
of king, and four thousands of men being *slain,*

dissipavit tantas opes.
he dissipated so great forces.

CCIII.

Hæc pugna fuit memorabilis fortitudine et morte
This fight was memorable by fortitude and by death

Eleazari: is viderat unam belluam majorem cæteris
of Eleazar: he had seen one beast greater than rest

ac circumtectam regiis phaleris, existimans
and covered around with royal trappings, thinking

regem vehi illâ, devovit se pro communi
king to be carried by it, he devoted himself for common

salute: properavit per medios hostes ad belluam,
safety: he hastened through middle enemies to beast,

subiit sub ventrem illius, occidit
he went under under belly of it, he killed it

confossam repetitis ictibus, et ipse occubuit
pierced with repeated strokes, and himself fell

oppressus pondere labentis belluæ.
oppressed by weight of falling beast.

CCIV.

Demetrius, regno Syriæ occupato, misit
Demetrius, kingdom of Syria being seized, sent

Nicanorem adversùs Judæos. Hic impius ausus-est,
Nicanor against Jews. This impious man *dared,*

dexterâ extensâ in templum, minari
right hand being *extended into temple, to threat*

se æquaturum ædem Dei solo.
himself about to equal temple of God with ground.

Judas et milites ejus, quamquam erant pauci
Judas and soldiers of him, although they were few,

conflixerunt cum illo, pugnantes quidem manu, sed
engaged with him, fighting indeed with hand, but
orantes Dominum animo. Ceciderunt regium exercitum
praying Lord in mind. They slew royal army

ad internecionem. Nicanor ipse repertus-est inter
to destruction. Nicanor himself was found among
cadavera hostium, caput cujus avulsum, Judas
corpses of enemies, head of whom torn away, Judas

jussit ferri Hierosolymam, que nefariam manum
ordered to be borne to *Jerusalem, and impious hand*

affixam templo suspendi.
being fixed to temple to be suspended.

CCV.

Mox alterum prælium secutum-est cum Bacchide, uno
Soon another battle followed with Bacchis, one

ex præfectis Demetrii: quod prælium quidem
out of lieutenants of Demetrius: which battle indeed

fuit funestum Judæis; nam illi, fiduciâ amissâ
was fatal to Jews; for they, trust being *lost*

quam habuerant in Deum, conciderunt animo,
which they had had into God, they fell in mind,

et alii dilapsi-sunt alio.
and others glided away another way.

Judas cum tantùm octingentis hominibus, sustinuit
Judas with only eight hundred men, sustained

impetum hostium; imo, fudit partem aciei
attack of enemies; yea, he scattered part of army

oppositam sibi, sed circumventus
placed opposite to himself, but being *surrounded*

multitudine hostium, confossus-est telis. Quàm
by multitude of enemies, he was pierced by weapons. How

carus fuerit populo indicatum-est mœrore
dear he may have been to people was indicated by wailing

funeris: sui cives luxerunt eum diù.
of funeral: his citizens mourned him for a long time.

CCVI.

Jonathas suffectus-est in locum Judæ. Is
Jonathan was substituted into place of Judas. He
æmulus fraternæ virtutis vicit Bacchidem pluribus
rival of fraternal virtue conquered Bacchis in many
præliis, que adegit illum ad pacem petendam.
battles, and compelled him to peace to be sought.

Interea Alexander interfecit Regem Demetrium,
In the mean time Alexander slew King Demetrius,
qui dictitabat se filium Antiochi. Is fecit
who did often say himself son of Antiochus. He made
fœdus cum Jonathâ, donavit eum purpureâ
truce with Jonathan, presented him with purple
veste, que semper mansit datâ fide. Ita
garment, and always remained in given faith. Thus
quamdiu Alexander potitus-est regno, res
as long as Alexander enjoyed with kingdom, things
Judæorum fuerunt tranquillæ: sed paulo post, Jonathas
of Jews were tranquil: but little after, Jonathan
necatus-est per insidias à quodam Triphone.
was killed through snares by certain Triphon.

CCVII.

Summa rerum delata-est ad Simonem, fratrem
Sum of things was deferred to Simon, brother
Jonathæ. Is curavit funus fratris
of Jonathan. He took care of funeral of brother
magnificé, nec regnavit diu, nam et ipse
magnificently, nor reigned long time, for and himself
periit fraude sui generi.
perished by fraud of his son-in-law.

Joannes successit patri Simoni, nomine Hircanus,
John succeeded to father Simon, by name Hircanus,
qui mortuus post annum, reliquit filium Aristobulum.
who having died after year, left son Aristobulus.
Hic primus omnium, post captivatem, sumpsit regium
He first of all, after captivity, took royal
nomen, que imposuit capiti diadema.
name, and put on to head diadem.

CCVIII.

Aristobulo mortuo, Alexander filius ejus regnavit.
Aristobulus having died, Alexander son of him reigned.

Is decessit, nulla memorabili re gesta:
He departed, no memorable thing being carried on:

reliquit duos filios, qui decertârunt acriter inter
he left two sons, who contended sharply among

se de regno.
themselves concerning kingdom.

Occasione hujus dissidii, Pompeius, dux
By occasion of this disagreement, Pompey, leader

Romani populi, venit in Judæam, quidem
of Roman people, came into Judea, indeed

spécie concordiæ restituendæ inter fratres,
by appearance of concord to be restored between brothers,

revera ut adjungeret istam provinciam Romano
in reality that he might join that province to Roman

imperio: fecit Judæam stipendiariam Romani populi.
empire: he made Judea tributary of Roman people.

Paulo post Herodes alienigena invasit regnum
A little after Herod alien invaded kingdom

Judæam: Judæi habuerunt hunc primum regem,
Judea: Jews had this first king,

ortum ex aliâ gente; que eo regnante,
having arisen out of other nation; and he reigning,

Christus natus-est, uti Prophetæ prædixerant.
Christ was born, as Prophets had foretold.

J. BARR, PRINTER, LEEDS.

Lightning Source UK Ltd.
Milton Keynes UK
UKHW020751060422
401177UK00006B/356

9 781378 31086